Mike Papenhoff

Frank Schmitz

**BWL für Mediziner im Krankenhaus**

Zusammenhänge verstehen – erfolgreich argumentieren

Mike Papenhoff
Frank Schmitz

# BWL für Mediziner im Krankenhaus

Zusammenhänge verstehen –
erfolgreich argumentieren

Mit 33 Abbildungen und 16 Tabellen

 Springer

**Dr. med. Mike Papenhoff**, Düsseldorf
**Dipl.-Kfm. Frank Schmitz**, Düsseldorf

bwlfuermediziner@gmx.de

ISBN    978-3-540-89178-9    Springer Medizin Verlag Heidelberg

Bibliografische Information der Deutschen Nationalbibliothek
Die Deutsche Nationalbibliothek verzeichnet diese Publikation in der Deutschen Nationalbibliografie;
detaillierte bibliografische Daten sind im Internet über http://dnb.d-nb.de abrufbar.

**Springer Medizin Verlag**
springer.de

© Springer Medizin Verlag Heidelberg 2009

Planung: Hinrich Küster
Projektmanagement: Meike Seeker
Lektorat: Volker Drüke, Münster
Layout und Einbandgestaltung: deblik Berlin
Einbandabbildungen: photos.com
Satz: wiskom e.K., Friedrichshafen

SPIN: 12538485

Gedruckt auf säurefreiem Papier                        2126 – 5 4 3 2 1 0

# Inhaltsverzeichnis

# Über die Autoren

### Dr. Mike Papenhoff

Nach dem Medizinstudium an der Heinrich-Heine-Universität in Düsseldorf war Mike Papenhoff als Arzt in der Anästhesie und Intensivmedizin am Universitätsklinikum Essen sowie anschließend am HELIOS-Klinikum Wuppertal tätig. Seit dem Abschluss der Facharztausbildung 2005 ist er bei Unternehmensberatungen tätig, die auf das Gesundheitswesen spezialisiert sind. Seit 2007 arbeitet er in der Tochterfirma einer großen Wirtschaftsprüfungs- und Beratungsgesellschaft mit einem Schwerpunkt in der strategischen Beratung.

### Frank Schmitz

Nach einer kaufmännischen Ausbildung in den Kliniken Maria Hilf GmbH in Mönchengladbach war Frank Schmitz in der Organisationsabteilung dieser Kliniken mit drei Standorten tätig. Im Anschluss an ein Studium der Betriebswirtschaftslehre an der Westfälischen Wilhelms-Universität Münster war er als Berater im Bereich Interne Revision und Rechnungslegung bei der Wirtschaftsprüfungsgesellschaft PricewaterhouseCoopers in Düsseldorf angestellt. Seit Anfang 2006 ist er für eine auf das Gesundheitswesen spezialisierte Unternehmensberatung tätig.

# Einführung:
## Warum noch ein Buch über BWL?
## Und wer soll das lesen?

1 · Einführung: Warum noch ein Buch über BWL? Und wer soll das lesen?

3

1

Für Eilige und alle, die keine Einführungen lesen, vorweg:

- Viele (Krankenhaus-)Mediziner haben kaum eine Vorstellung von betriebswirtschaftlichen Grundlagen oder Kenntnis dessen, mit welchem Wissen und Denken sie auf Seiten ihrer kaufmännischen Geschäftsführung rechnen können.
- Die Einsicht, dass ohne betriebswirtschaftliche Grundlagen ein kooperatives Arbeiten in der Klinik immer weniger möglich wird, und das Interesse an der Thematik sind wiederum vorhanden. Dies zeigen u. a. die derzeit boomenden Zusatzstudiengänge für Mediziner.
- Klassische BWL-Bücher, auch Kurzlehrbücher, bieten interessierten Medizinern kaum Abhilfe, da sie in der Regel viel zu wenig branchenspezifisch gehalten sind und etliches Detailwissen beinhalten, das sich nicht ohne Weiteres auf den Klinikbetrieb projizieren lässt. Somit werden sie oft als unlesbar empfunden und lassen keine Priorisierung der Inhalte zu, die für Mediziner wirklich relevant sind.
- Das Buch soll die wesentlichen Basics für Mediziner lesbar und möglichst praxisnah vermitteln und auf den in der Klinik tätigen Arzt abzielen. Zielgruppe sind natürlich aber auch andere medizinische Berufsgruppen und Studenten medizinischer Berufe. Die Unterschiede beider Berufswelten, der medizinischen und der betriebswirtschaftlichen, werden bewusst ironisch aufgegriffen und thematisiert.
- Niedergelassene Mediziner sind hier nicht in erster Linie angesprochen, da sie unserer Erfahrung nach als »Einzelunternehmer« oft über das nötige Basiswissen verfügen und die Abläufe in einer Praxis aus betriebswirtschaftlicher Sicht weniger komplex sind als in einem Krankenhaus.

- Das Buch ist inhaltlich bewusst knapp gehalten und soll – soweit möglich – ohne betriebswirtschaftliche Fachsprache und Formeln auskommen. Der »rote Faden« und die zugrunde liegenden Prinzipien sind wichtiger, als jedes Detail aufzugreifen. Bestimmte Thematiken werden bewusst »vereinfacht« dargestellt. Damit wird das Buch auch »zwischendurch« lesbar und vermittelt nicht das Gefühl, dass trockener Stoff gelernt werden muss. Vielmehr beinhaltet es all das, »Was Sie schon immer über BWL wissen wollten (und auch sollten)« – um an einen berühmten, hier leicht abgewandelten Filmtitel anzuknüpfen.
- Die jeweilige Thematik wird anhand von konkreten Fällen aus der Klinik erarbeitet. Die Investitionsrechnung wird z. B. anhand des Kaufs eines medizinischen Großgerätes nachgezeichnet, der Grundzug der Produktion und die Prozessoptimierung werden anhand eines OPs erklärt und Vergleiche zu anderen Branchen gezogen.

Nun aber die eigentliche Einführung:

Wenn man bei einem großen Internetbuchhandel den Suchbegriff »BWL für« eingibt, erhält man derzeit ungefähr 150 Treffer. Es gibt BWL-Bücher für Einsteiger, zum Auffrischen, für Schulen, Manager und welche Berufsgruppen auch immer. Was es aber bislang nicht gibt: leicht lesbare und relevante Grundlagen ökonomischen Denkens für Mediziner im Krankenhaus.

Und warum nicht? Es gibt zahlreiche Bücher über Gesundheitsökonomie, aber die behandeln entsprechend meistens das Tätigkeitsfeld von Gesundheitsökonomen und bringen Medizinern nicht zwingend das grundlegende wirtschaftliche Wissen näher. Man kann als Mediziner selbstverständlich alternativ zu BWL-Lehrbüchern aller Art greifen, es bleibt aber immer den Beigeschmack, ob man deren Inhalte überhaupt im Alltag benötigt oder ob es nur dann lesenswert wäre, wenn man ohnehin vorhatte, demnächst zur Abwechslung mal ein Industrieunternehmen zu übernehmen.

Und warum sollte man als Mediziner ein Buch über BWL überhaupt lesen? Kann man es sich als Mediziner denn noch leisten, auf die klassische Aufgabenverteilung zu pochen und zu propagieren: »Ich als Arzt möchte heilen und interessiere mich nicht für Kosten.«? Nein, wir glauben das nicht. In Zeiten knapperer Ressourcen ist es nicht egal, was welche Behandlung kostet (nämlich insbesondere dann, wenn die Behandlungen gleich gut sind!), und das klassische Totschlagargument »Es kann doch die Behandlung von Patienten nicht von Kosten begrenzt werden« mit allen üblichen Diskussionen, ob und mit welchen Grenzen Rentner noch Hüftimplantate bekommen sollen, können wir ausblenden, da in unseren Augen vielmehr zwei wichtige Thesen im Vordergrund stehen:

— 1. These: Man kann im Krankenhaus im Vergleich zum Ist-Zustand viel effizienter und kostensparender arbeiten, ohne dass der Patient schlechter behandelt wird. Dazu zählt z. B. eine bessere Zeitorganisation, die auch für den Patienten die Wartezeit verkürzt und somit die Behandlungsqualität sogar noch steigern kann. Die Zeit, die bei patientenfernen Tätigkeiten gespart wird, kann sinnvoller genutzt werden, d. h. dem Patienten zukommen.

— 2. These: Wo immer Unternehmer, Freiberufler und auch Ärzte in die eigene Tasche arbeiten, funktionieren Abläufe (oder betriebswirtschaftlich: Prozesse) in der Regel besser, als wenn Ärzten von einem Krankenhausträger die Infrastruktur einer Klinik zur Verfügung gestellt wird. Umgekehrt sinken mit steigender Effizienz die Kosten für den einzelnen Patienten. Wären alle

Mitarbeiter einer Klinik an dem gesamten Wohlergehen des Hauses beteiligt, würde das bislang häufig anzutreffende Denken in »Fürstentümern« (mein OP, meine Station, meine Betten) wohl geringer ausgeprägt sein und die Kosten würden bei vermutlich mindestens gleicher Qualität sinken.

Ein weiterer wichtiger Punkt ist die bislang klassische Trennung zwischen Verwaltung/Geschäftsführung und der Medizin innerhalb eines Krankenhauses. Von den Ärzten werden gelegentlich Vorwürfe erhoben, denen zufolge sich die kaufmännische Seite gar nicht für die Probleme und Belange der medizinischen Berufe interessiere. Kosten und Prozesse würden ohne Rücksicht auf die Realität am Reißbrett entworfen. Es ist daher sicherlich auch sinnvoll, Nichtmedizinern die Medizin näher zu bringen. Wenn ein kaufmännischer Geschäftsführer verstehen soll, warum eine Automobilproduktion anders ist als ein Krankenhaus, muss man es ihm erklären und stichhaltig begründen können. Eine gewisse Eigeninitiative dazu kann aber natürlich zusätzlich propagiert werden. Und: Ist es denn wirklich so anders im Krankenhaus? Ist nicht jede Branche für sich speziell? Auf der anderen Seite und damit zu unserem Buch: Möchten Sie, liebe Mediziner, denn das Feld so kampflos räumen? Ärgert es Sie nicht, dass Ihnen die kaufmännische Leitung theoretisch alles Mögliche erzählen könnte?

Wir haben die Erfahrung gemacht, dass es noch viele, meistens unbegründete Vorbehalte auf beiden Seiten gibt. Mediziner können ebenfalls rechnen, und »der Betriebswirt« ist nicht automatisch nur praxisfern an Zahlen interessiert, um die gängigen Klischees mal plakativ zusammenzufassen. Es erleichtert den Alltag in der Klinik für alle Beteiligten erheblich, wenn sich auch Mediziner ein wenig Grundwissen aneignen, um zu verstehen, was die kaufmännische Seite der Klinik denn da so macht. Wir versuchen daher, kurz, lesbar und hoffentlich unterhaltsam zu vermitteln, was denn »die BWL« überhaupt ist.

Geschrieben ist das Buch hauptsächlich aus der Sicht eines Krankenhausarztes, und zwar primär aus folgendem Grund: An einem großen Betrieb wie einem Krankenhaus (oder einer Rehaklinik oder einem Pflegeheim) kann man die klassische Betriebswirtschaft einfacher erklären. In einer Schuhfabrik steckt mehr betriebswirtschaftliches Know-how als in einem kleinen Ein-Mann-Schusterbetrieb und in einem Krankenhaus mehr als in einer Arztpraxis. Hinzu kommt, wie schon erwähnt, dass sich zwangsläufig in einer Praxis viel nötiges Wissen ansammelt, während man als Arzt in der Klinik eigentlich noch (aber das wird sich ändern!) ganz gut ohne betriebswirtschaftliche Kenntnisse leben kann.

Damit erklärt sich dann auch recht schnell, wen wir uns als Leser dieses Buches vorgestellt haben: Alle im Krankenhaus tätigen Angehörige medizinischer Berufe wie Ärzte, Pflegende, Physiotherapeuten, aber auch Studierende medizinischer Berufe, die sich auch der kaufmännischen Seite öffnen möchten und einen Blick über den Tellerrand hinweg werfen wollen.

Noch ein Wort zum Abschluss: Während der Studienzeit der Autoren war es ein, wie es schien, wichtiges Anliegen mancher Studierendenausschüsse, die alten, bekannten und politisch höchst unkorrekten Studentenfutter-Tüten mit der Bezeichnung »StudentInnenfutter« bzw. »Studierendenfutter« zu überkleben, an die Studierendenschaft zu verteilen und auf die bisherige unerträgliche Diskriminierung hinzuweisen. Überhaupt wurde mit großer Akribie bei jeder Gelegenheit an jede mögliche maskuline Wortendung ein »-Innen« angehängt. Der Lesbarkeit halber sind unsere Bezeichnungen trotz dieser »gelungenen« Aktionen (und des dafür investierten Geldes, aber dazu mehr später) in unserem Buch nicht geschlechtsneutral: Wir schätzen Leser und Berufsgruppenvertreter beider Geschlechter aber gleichermaßen und versichern, dass wir bei männlichen oder weiblichen Bezeichnungen nichts Böses im Schilde führen und jede Form für jeweils beide Geschlechter gelten soll. Der Geschäftsführer meint also mit der gleichen Berechtigung eine Geschäftsführerin, ein Arzt genauso eine Ärztin und eine Pflegekraft sowohl einen Pflegenden als auch eine Pflegende.

Also: Herzlich willkommen und viel Spaß!

# Der Betriebswirt, das unbekannte Wesen

»Economics is extremely useful as a form of employment for economists.«
(John Kenneth Galbraith)

## 2.1 »Who is who«, und was bedeuten die ganzen Bezeichnungen?

Die meisten Ausbildungen und Studiengänge unterscheiden sich stark voneinander, und so ist es kein Wunder, dass der ein oder andere Absolvent einer Richtung den Überblick verloren hat, wie denn andere Studiengänge aussehen und welcher Absolvent in Studium und Ausbildung welche Inhalte gelernt hat oder zumindest hätte lernen sollen.

Gerade das verschulte Medizinstudium, z. B. mit Famulaturen, die woanders ja schlichtweg Praktika heißen (Bezeichnungen wie »Werkstudenten« o. Ä. lassen wir mal außen vor), lässt weniger Wahlfreiheit zu als andere Studiengänge, so dass Mediziner vielleicht keinen Überblick haben, welche Möglichkeiten im Rahmen anderer Studiengänge bestehen. Da unser Buch ja hauptsächlich zum Ziel hat, Medizin und Betriebswirtschaft einander anzunähern, soll an dieser Stelle ein kurzer Überblick über »den Betriebswirt« und darüber, was er so kann, stehen.

### 2.1.1 Abgrenzung der Betriebswirtschaftslehre

Bei Definitionen und Abgrenzungen unterschiedlicher wissenschaftlicher Disziplinen streiten sich in der Regel die Gelehrten. Wir werden versuchen, eine Abgrenzung vorzunehmen, ohne dabei zu tief ins Detail zu gehen. Die Betriebswirtschaftslehre ist eine Teildisziplin der Wirtschaftswissenschaften bzw. der Ökonomie, deren Begriffe sich synonym verwenden lassen. Als weitere Disziplin unter dem Dach der Wirtschaftswissenschaft lässt sich, neben der Betriebswirtschaft, die Volkswirtschaftlehre einordnen. Ergänzend dazu gibt es wirtschaftswissenschaftliche Disziplinen an den Schnittstellen zu anderen, völlig selbstständigen Disziplinen wie beispielsweise Geschichte oder Ethik. Diese werden dann konsequenterweise als Wirtschaftsgeschichte oder Wirtschaftsethik bezeichnet. Ähnlich verhält es sich in jüngster Vergangenheit mit der Schnittstelle zwischen Medizin und Wirtschaftswissenschaft. Für diese noch relativ junge Schnittstelle hat sich noch keine einheitliche Bezeichnung eingebürgert. Institute oder Lehrstühle für beispielsweise Gesundheitsökonomie, Medizin-Ökonomie oder Medizin-Management finden sind sowohl an wirtschaftswissenschaftlichen Fakultäten als auch an medizinischen Fakultäten oder als selbstständiger interdisziplinärer Bereich. Schwerpunkt soll im Folgenden natürlich die Betriebswirtschaftslehre sein (◘ Abb. 2.1).

Zielobjekt der Betriebswirtschaftslehre ist der traditionelle Begriff eines Unternehmens, der Betrieb.

> **Definition**
>
> Sehr allgemein ausgedrückt, ist die **Betriebswirtschaftslehre** die Lehre vom wirtschaftlichen Handeln im Betrieb. Die Aufgabe der Betriebswirtschaft ist die effiziente Beschaffung von Materialien, Maschinen, Mitarbeitern und Kapital, mit deren Hilfe Güter und Dienstleistungen hergestellt werden.

Die Ausgangsüberlegung und Triebfeder der Betriebswirte ist die Einsicht, dass Ressourcen eines Unternehmens nicht unbegrenzt zur Verfügung stehen. Die Knappheit von Gütern zwingt die Menschen, mit diesen hauszuhalten,

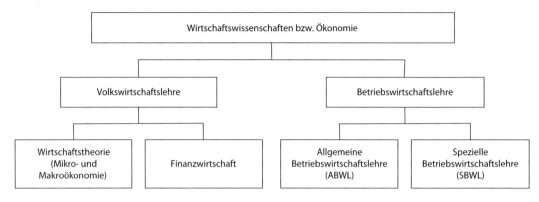

**Abb. 2.1** Der »Stammbaum der Ökonomie«

d. h. Entscheidungen über ihre ideale Verwendung zu treffen. Ziel der Betriebswirtschaftslehre ist es daher die optimale Verwendung knapper Ressourcen.

Aus der Sicht der Betriebswirtschaft ist natürlich auch ein Krankenhaus als ein Unternehmen anzusehen: Auch hier gibt es begrenzte Ressourcen, und folglich muss man über deren Verwendung entscheiden.

Ein kurzer Einschub, bevor es mit der Betriebswirtschaft weitergeht:

**Exkurs**
Die Volkswirtschaft (VWL) ist der andere große Zweig der Wirtschaftswissenschaften. Sie beschäftigt sich eher mit den gesamtwirtschaftlichen Auswirkungen ökonomischer Vorgänge. Im Großen und Ganzen lassen sich innerhalb der VWL die beiden Bereiche Wirtschaftstheorie und Finanzwirtschaft unterscheiden. In der Finanzwirtschaft wird das Handeln des Staates untersucht. Es werden beispielsweise die Ausgestaltung des Steuersystems, die Ausgaben des Staates und die Verteilung finanzieller Mittel zwischen den Gebietskörperschaften (Bund, Länder und Gemeinden) analysiert. Die Wirtschaftstheorie unterteilt sich ihrerseits in die Mikro-

▼

und Makroökonomie. Die Mikroökonomie untersucht das wirtschaftliche Handeln von einzelnen Individuen. Es wird die Nachfrage eines Haushaltes oder das Angebot eines Gutes betrachtet. Dabei wird die Verteilung von knappen Ressourcen zwischen Haushalten bzw. Unternehmen durch das Zusammenwirken von Angebot und Nachfrage untersucht. Die Makroökonomie analysiert die gesamtwirtschaftlichen Vorgänge. Im Blickfeld ist die Gesamtnachfrage aller Haushalte bzw. die Gesamtproduktion aller Unternehmen, beispielsweise das Angebot oder die Nachfrage nach akutmedizinischen Gesundheitsleistungen in Deutschland. In der Makroökonomie wird immer das das Ganze betrachtet, unabhängig davon, ob es um ein Volk/einen Staat oder Europa oder die Welt geht. In jedem Fall geht es immer um mehr als ein Krankenhaus. In der Regel sind es Volkswirte, die das Handwerkszeug haben, auszurechen, welche Auswirkungen z. B. eine ausgedehnte Grippeepidemie auf unsere Wirtschaft hat. Zielgruppe der Volkswirte sind vielfach Banken und Versicherungen. Beratend sind sie auch für Politiker, politische Institutionen oder Interessensverbände tätig.

Aber zurück zur Betriebswirtschaft: Vergleichbar mit der Medizin findet bereits sehr früh im Studium der Betriebswirtschaftslehre eine Spezialisierung statt. Je nach Hochschule entscheidet man sich für zwei oder drei Schwerpunkte. Nicht jede Hochschule kann natürlich jeden denkbaren Schwerpunkt anbieten. So ist ein Schwerpunkt mit einer Ausrichtung auf das Gesundheitswesen nur an wenigen Universitäten verbreitet.

Im Anschluss an das eigentliche Studium erfolgt nur in Ausnahmefällen, wie beispielsweise in der Wirtschaftsprüfung oder der Steuerberatung, eine erneute nachweisbare standardisierte Qualifikation wie die der Facharztqualifikation bei den Medizinern. So gesehen sind die meisten Betriebswirte daher quasi als praktische Ärzte tätig. Für die beiden erwähnten Ausnahmen bedarf es dagegen im Anschluss an das Studium und mit einer vorgeschriebenen Berufspraxis einer erneuten Prüfung. Diese erfordert jeweils eine ausführliche und sehr intensive Vorbereitung – mit einer entsprechenden Durchfallquote. Warum macht man so etwas? Wie in der Medizin: Weil man muss, zumindest für das angestrebte Tätigkeitsgebiet. Als Steuerberater darf man nur tätig sein, wenn man die gesetzlichen Anforderungen dazu erfüllt. Die ausgeübten Tätigkeiten innerhalb spezialisierter Gebiete der Betriebswirtschaftslehre sind grundsätzlich allerdings etwas durchlässiger als in der Medizin. Soll heißen: Es wird häufiger vorkommen, dass ein Betriebswirt den Schwerpunkt seiner Tätigkeiten oder die Branche wechselt, als dass ein Facharzt eines »schneidenden« Faches in eine »konventionelle« Fachrichtung (oder umgekehrt) wechselt. Grundsätzlich könnte man unterstellen, dass es egal ist, ob man als Betriebswirt in einer Schuhfabrik, in einem Restaurant oder einem Krankenhaus tätig ist, die Hintergründe bleiben gleich. Natürlich sind,

wie überall, die Feinheiten der jeweiligen Branche zu beachten.

Vergleichbar einer Kategorisierung der Spezialisierungen in der Medizin, wie beispielsweise »schneidende«, »konventionelle« und »unterstützende« Fächer, lassen sich auch die Spezialisierungen der Betriebswirtschaftslehre bestimmten Kategorien zuordnen. Im ersten Schritt lässt sich eine Einteilung in die Allgemeine (ABWL) und die Spezielle Betriebswirtschaftslehre (SBWL) vornehmen. Die ABWL beinhaltet dabei die Grundlagen, die branchenunabhängig von Bedeutung sind. Dies sind in der Regel neben den Grundlagen aus den Bereichen Rechnungswesen, Entscheidungstheorie, Planung, Finanzierung und Investition auch allgemeine Fragen der Leistungserstellung, der Rechtsform und der Standortwahl. Die SBWL hingegen stellt eine Spezialisierung auf bestimmte Branchen oder auf Funktionen von Betrieben dar. Spezialisierungen auf Branchen bezögen sich beispielsweise auf Handelsunternehmen, Versicherungsunternehmen, Banken oder eben Krankenhäuser; eine Vertiefung von Funktionen könnte in den Bereichen Marketing, Rechnungswesen, Personal oder Steuern erfolgen (◘ Tab. 2.1).

Amüsanterweise gibt es, wie in der Medizin auch, innerhalb der Wirtschaftswissenschaften zumeist nicht ganz ernst gemeinte Vorbehalte gegenüber anderen Disziplinen bzw. Schwerpunkten. Da sind sich Volkswirte und Betriebswirte oft nicht »grün«, die Betriebswirte werfen den Volkswirten vor, das mit den Millionen nicht so genau zu nehmen und nur grob zu schätzen, und umgekehrt werden BWLer als Kleinkrämer gesehen. Aber auch innerhalb der Betriebswirtschaftslehre gibt es Bereiche, die zahlenlastiger sind, und solche, bei denen dies weniger ausgeprägt ist. Die Gespräche zwischen Vertretern der jeweiligen »Lager« verlaufen daher vermutlich ähnlich wie die zwischen Internisten und Chirurgen.

■ **Tab. 2.1** Spezialisierungen in der Betriebswirtschaft nach Branchen und Funktionen

| | | Kategorisierung nach Branchen | | | | | |
| --- | --- | --- | --- | --- | --- | --- | --- |
| | | Handelsunternehmen | Versicherungsunternehmen | Banken | Gesnossenschaften | Krankenhäuser (Gesundheit) | ... |
| Kategorisierung nach Funktionen | Produktion | | | | | | |
| | Rechnungswesen | | | | | | |
| | Marketing | | | | | | |
| | Finanzierung | | | | | | |
| | Personalmanagement | | | | | | |
| | Steuern | | | | | | |
| | ... | | | | | | |

## 2.1.2 Studium und Berufsbezeichnungen

Die Regelstudienzeit beträgt für ein Diplom an einer Universität neun und an einer Fachhochschule acht Semester. Für Bachelor und Master gelten an Fachhochschule und Universitäten mit sechs bzw. vier Semestern gleiche Regelstudienzeiten. Da die Ausbildung in der Betriebswirtschaft weniger verschult ist als in der Medizin, weicht der Durchschnitt der Studenten um ca. zwei Semester nach oben ab, ohne weniger fleißig als ein Mediziner zu sein.

Die Berufsbezeichnungen für Betriebswirte sind nicht nur auf den ersten Blick ein wenig undurchsichtiger als bei den Medizinern. Allgemein kann zwischen einer akademischen und nichtakademischen Ausbildung unterschieden werden. Darüber hinaus sind die Hochschulen bei der Vergabe von Abschlüssen derzeit in einem starken Umbruch. Insbesondere durch den »Bologna-Prozess« (grob gesagt: die europäische Vereinheitlichung der Studienabschlüsse) gibt es derzeit ein Durcheinander von Diplom, Bachelor und Master. Wir werden dennoch versuchen, ein wenig Licht in das Dunkel zu bringen, wobei nicht auf alle Möglichkeiten eingegangen werden kann.

Betriebswirtschaftslehre bzw. Wirtschaftswissenschaften lassen sich sowohl an einer Universität oder Fachhochschule (Letztere wird auch als University of Applied Sciences bezeichnet) studieren. Vor dem »Bologna-Prozess« wurden als akademischer Grad der »Diplom-Kaufmann« von Universitäten und der »Diplom-Betriebswirt (FH)« von Fachhochschulen vergeben. Die Bezeichnung »FH« in Klammern ist dabei immer beizufügen. Warum an einer Universität im Fach Betriebswirtschaftslehre kein Abschluss mit der Bezeichnung »Diplom-Betriebswirt«, sondern »Diplom-Kaufmann« vergeben wird, bedarf wohl tieferer Recherchen in den Geschichtsbüchern. Wobei es (natürlich) von diesen Regeln einige Ausnahmen gibt: Einige wenige Universitäten vergeben beispielsweise den Abschluss als »Diplom-Ökonom« oder als »Diplom-Wirtschaftswissenschaftler«. An einigen Fachhochschulen wird (wahrscheinlich, um eine Nähe zu den Universitäten zu suggerieren) der Abschluss »Diplom-Kaufmann (FH)« vergeben.

Im Zuge der Internationalisierung der Abschlüsse gibt es anstelle des Diploms zukünftig als ersten berufsqualifizierenden Abschluss einen »Bachelor of Science« (B.Sc.) und »Bachelor of Arts« (B.A.) und als weiterführenden Abschluss einen »Master of Science« (M.Sc.) und »Master of Arts« (M.A.). Ob ein Studium dabei mehr als »Art« oder »Science« ausgerichtet ist, bedingt die beiden unterschiedlichen Bezeichnungen.

Ursprünglich als Aufbaustudium für nicht-betriebswirtschaftliche Absolventen gibt es natürlich noch den berühmten »Master-of-Business-Administration« (MBA), der mit verschiedenen Schwerpunkten auf diverse Studiengänge aufgesattelt werden kann. Den gibt es auch als »Executive-MBA«, was zum einen toll klingt, zum anderen aber eigentlich nur bedeutet, dass er in der Regel begleitend zum Beruf erworben wird. Der MBA-Abschluss wird auch für bestimmte Schwerpunkte vergeben. So gibt es beispielsweise MBA-Abschlüsse mit dem Zusatz für eine funktionelle oder branchenspezifische Ausrichtung. Diese lautet dann beispielsweise »Executive MBA in Marketing« oder »Executive MBA im Gesundheitswesen«. Die Akzeptanz und Qualität von MBA-Abschlüssen sollte allerdings immer kritisch hinterfragt werden, insbesondere dann, wenn die Studiengänge nicht von einer anerkannten Institution akkreditiert worden sind. Die MBA-Thematik ist vermutlich ein eigenes Werk wert, und tatsächlich erscheint auch eine jährliche Übersicht über in Deutschland angebotene MBA-Studiengänge in Buchform.

Die am Anfang des Kapitels erwähnten Praktika sind an einigen Fachhochschulen und Universitäten ein Pflichtbestandteil der Studienordnung. Da dies aber nicht an allen Hochschulen der Fall ist, könnte es theoretisch dazu führen, dass ein Absolvent nach einem erworbenen Diplom noch nie ein Unternehmen von innen gesehen hat – allerdings wird das durch die Mechanismen des Arbeitsmarktes in der Praxis verhindert. Es gibt unzählige Beweggründe für Studenten der Wirtschaftswissenschaften, während des Studiums Praktika zu absolvieren. Berufserfahrung zu sammeln, Kontakte zu knüpfen und Klarheit über die eigenen späteren beruflichen Ziele zu erlangen – dies sind, wie im Medizinstudium, wohl die gängigsten Gründe, während der Semesterferien für wenig Geld (wenn überhaupt welches bezahlt wird) zu arbeiten.

Um den in der Medizin üblichen Doktortitel tragen zu können, ist für Wirtschaftswissenschaftler vielfach eine Vollzeit-Promotion an einem Lehrstuhl, die sich in der Regel mehrere Jahre hinzieht, erforderlich. Es gibt nur wenige Möglichkeiten, parallel zu einem ausgeübten Beruf als so genannter »externer Doktorand« zu promovieren. Dies ist meistens nur dann möglich, wenn der betreuende Professor mit dem Thema ein besonderes Forschungsinteresse verbindet. Der Betriebswirt ist an dieser Stelle vielfach pragmatisch. Denn der Nutzen eines Titels für die berufliche Entwicklung (natürlich mit Ausnahme einer Tätigkeit an der Universität) ist nicht so hoch wie bei Medizinern. Zumindest wird der Titel nicht mit der gleichen Konsequenz erwartet wie bei Ärzten.

### 2.1.3 Weitere Abschlüsse als Betriebswirt

Neben den Abschlüssen an Universitäten und Fachhochschulen gibt es noch eine Vielzahl weiterer Ausbildungsangebote, die sowohl in Vollzeit als auch begleitend zum Beruf angeboten werden. Besonders verbreitet sind Abschlüsse an Berufsakademien, Industrie- und Handelskammern und des Bundesverbandes Deutscher Verwaltungs- und Wirtschafts-Akademien e. V. Die an diesen Institutionen erworbenen Abschlüsse werden durch einen entsprechenden Zusatz bezeichnet. Dies wären in den angesprochenen Beispielen BA, IHK oder VWA.

Bei der Darstellung der Abschlüsse handelt es sich – wie bereits erwähnt – nur um eine grobe Zusammenfassung. Ein vollständiger Überblick in die Welt der akademischen und nichtakademischen Abschlüsse von Betriebswirten würde wohl den Rest des Buches füllen können.

# Grundlagen der Unternehmung

## 3.1 Grundsätzliches – profitabel, rentabel oder ökonomisch?

»Prinzip der Marktwirtschaft: Tue mir was Gutes – tue ich dir was Gutes.«
(Walter Williams)

### 3.1.1 Das ökonomische Prinzip

Bevor wir uns den einzelnen Spezialitäten widmen, soll an dieser Stelle – sozusagen als Einstieg – ein kurzer Überblick stehen: über wichtige Grundprinzipien, Grundbegriffe und Analysemethoden. Kurz: das kleine Einmaleins der BWL, zumindest als »Best of«. Aber keine Panik! Während man sich im Medizinstudium erst durch vier Semester Biochemie, Chemie und Physik quälen muss, steigen wir hier direkt ein.

Die Fragen sind im Wesentlichen:

– Was und wie denkt denn der Betriebswirt?
– Was ist überhaupt ein Gewinn?
– Und was sollen die ganzen verwirrenden Begriffe und Abkürzungen wie Umsatzrentabilität und ROI?

Fangen wir einfach vorne an:

Am Anfang allen wirtschaftlichen Handeln und Denkens steht das so genannte ökonomische Prinzip (wenn man sich gerne wohlfeil reden hört, kann man es auch »Input-Output-Relation« oder »Effizienzpostulat« nennen). Es besagt unabhängig vom Namen relativ einfach Folgendes:

Wir Menschen haben unbegrenzte Wünsche bzw. Bedürfnisse, aber es stehen dummerweise nur begrenzt viele Güter zur Verfügung, um diese zu befriedigen, kurz: mehr Wünsche als Geld, wie es halt den meisten Menschen so geht. Um diesen Konflikt so gut wie möglich zu beherrschen, haben wir zwei Möglichkeiten: das Minimum-Prinzip und das Maximum-Prinzip. Oder wir kombinieren beide zum so genannten Optimum-Prinzip, dann haben wir eine dritte Möglichkeit. Aus dieser Grundannahme stammt übrigens auch der Begriff der Wirtschaft: Es wird generell von knappen Gütern ausgegangen, und mit knappen Mitteln muss man eben wirtschaften.

Aber zurück zum ökonomischen Prinzip: Angenommen, Sie trinken gerne Wein. Denken Sie sich einen bestimmten Wein, Ihren Lieblingswein. Sie können grundsätzlich versuchen, für möglichst wenig Geld genau eine Kiste Wein dieser Sorte zu bekommen, sprich, eine definierte Menge so günstig wie möglich zu erstehen. Das ist ja die Grundlage jeder Schnäppchenjagd oder jedes Preisvergleichs im Internet: Der gewünschte Wein ist bekannt und definiert, die dafür erforderliche Geldmenge sollte so gering wie möglich sein. Und voilà! Das ist auch schon das Minimum-Prinzip.

Sie sehen: Ökonomen geben gerne etwas Selbstverständlichem seltsame Namen, womit Sie mit Medizinern schon mal etwas gemeinsam haben. Auf betriebliche Sicht transferiert, würde das Minimum-Prinzip bedeuten, mit möglichst wenig Einsatz ein vorgegebenes Ziel zu erreichen, also beispielsweise einen Tisch so günstig wie möglich zu produzieren, oder ein bestimmtes CT-Modell so günstig wie möglich zu erstehen.

Die andere Variante, das Maximum-Prinzip, erklärt im Wesentlichen die gegensätzliche Herangehensweise: Sie versuchen nun nicht mehr, genau eine Kiste Wein für den günstigsten Preis zu bekommen, sondern sie versuchen, da Ihr Budget nicht unbegrenzt ist, für genau die 100 €, die Sie diesen Monat noch erübrigen können, von Ihrem Lieblingswein so viel wie eben möglich zu bekommen (◘ Abb. 3.1). Oder, aus betrieblicher Sicht: Man versucht, mit einem festgelegten Budget (auch im Krankenhaus ist dieses ja endlich) das bestmögliche CT zu bekommen.

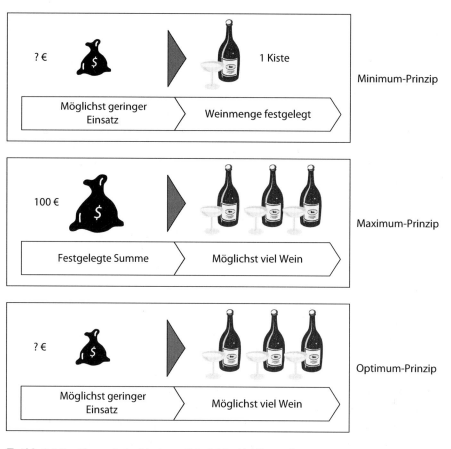

**Abb. 3.1** Das ökonomische Prinzip am Beispiel des Lieblingsweins

In der Realität wird das tatsächliche Handeln immer ein Mittelding zwischen diesen beiden Extremen sein: Mit möglichst wenig Einsatz möchte man möglichst viel erreichen. Sprich: Man versucht stets, so wenig Geld wie nötig für so viel Wein wie möglich auszugeben. Dieses »Optimum-Prinzip« wird allerdings durchaus kritisiert, weil man in Konflikt zwischen Einsatz und Output geraten kann. Wer die besten, schönsten und meisten Dinge herstellen und absetzen will, muss dazu zunächst etwas investieren. Um ein hochwertiges Auto produzieren zu können, kann man seine Produktionsanlage eben nicht so billig wie irgendwie denkbar ausstatten. Dieser Punkt ist ja auch im Kran-

kenhaus kein seltener: Oft hören wir, dass man Patienten nicht »anständig« behandeln kann, wenn man auch keine »anständige« Ausstattung hat. Grundsätzlich ist dieser Einwand z. T. berechtigt, aber so einfach und pauschal ist es dann wiederum auch nicht, wie Sie im Kapitel zur Investitionsrechnung noch ausführlich erfahren werden. Aber, um die Antwort zumindest teilweise vorwegzunehmen: Auch hier gilt grundsätzlich das ökonomische Prinzip: Auch Premium-Autohersteller achten darauf, die für den angedachten Zweck (und nicht darüber hinaus!) beste Produktionsanlage so günstig wie möglich zu bekommen.

Wenn Sie glauben, dass sich das zusätzlich investierte und eigentlich nicht zwingend notwendige Geld für eine Kaffeemaschine im Ambulanz-Wartezimmer eben nicht mit dem ökonomischen Prinzip deckt, überlegen Sie sich Folgendes und Sie werden merken, dass Sie falsch liegen: Warum stellen Sie denn eine Kaffeemaschine auf? Wir unterstellen erst einmal, dass Sie das tun, um den Patienten die Wartezeit so erträglich wie möglich zu machen (natürlich sollten Sie an der Wartezeit selbst ebenfalls arbeiten, aber dazu an anderer Stelle mehr). Warum sollten es Ihre Patienten denn angenehm haben? Wenn Ihnen der Patientenkomfort egal wäre, bräuchten Sie die Maschine nicht, wir vermuten also, dass Sie ein bestimmtes Ziel damit verfolgen: Die Patienten sollen wiederkommen. Natürlich sollen sie gesund werden, aber wenn eine Behandlung denn doch nötig ist, sollen sie doch bitte zu Ihnen und nicht in das Nachbarkrankenhaus gehen. Und damit zurück zur Kaffeemaschine: Sie werden versuchen, Ihr Ziel (möglichst viele Patienten kommen wieder) mit möglichst geringem Einsatz (Kaffeemaschine) zu erreichen. Nun bestimmen natürlich die Behandlung, die Konkurrenzsituation und die Erwartungshaltung der Patienten, wie viel Einsatz Sie aufwenden müssen, aber werden Sie denn freiwillig eine Top-Gastronomie-Maschine für 10.000 € aufstellen, wenn es ein viel kleineres Gerät für 500 € auch tut und Sie Ihren »Konkurrenten« damit ohnehin schon weit voraus sind? Es geht also immer um den Zweck: Wenn Patienten wegen eines Gratiskaffees wiederkommen, versuchen Sie vermutlich, diesen so wirtschaftlich wie möglich anzubieten. Und siehe da: Das Optimum-Prinzip ist erfüllt.

Nun noch kurz zu Ihrer medizinischen Ausstattung: Die vorhandene Ausstattung sollte natürlich immer so effizient wie möglich eingesetzt und ausgelastet werden, aber wenn Sie wirtschaftlich begründen können, warum die Neuinvestition in ein Gerät lohnt, wird sich Ihnen vermutlich niemand grundlos entgegenstellen. Es sei denn, der gleiche Zweck kann auch mit geringeren Mitteln erreicht werden.

## 3.1.2 Grundbegriffe – Produktivität und Co.

»Finance is the art of passing money from hand to hand until it finally disappears.« (Robert W. Sarnoff)

Viele Mediziner, einer der Autoren eingeschlossen, tun sich bei anfänglicher Konfrontation schwer mit der Vielzahl an Begriffen, die im Wesentlichen das im Zitat oben erwähnte Hin und Her von Geld in den unterschiedlichsten Varianten beschreiben. Viele Begriffe kann man guten Gewissens links liegen lassen, wenn man nicht vorhat, groß in die Bilanzanalyse und Unternehmensbewertung einzusteigen, aber ein paar Grundfragen sind doch schon spannend: Welches Geld darf man denn als Gewinn ansehen, und von welcher Zahl muss man prinzipiell noch Kosten abziehen?

Gefährlich wird es immer dann, wenn man Umsatz mit Gewinn verwechselt, was in der Medizin leider häufiger vorkommt. So haben wir schon das Argument gehört, dass das, was man als Abteilung oder Chefarzt dem Klinikum »bringe«, doch immens sei. Achtung! Hohe Erlöse, z. B. aus DRGs, bedeuten nicht gleichzeitig auch hohen Gewinn, weil nämlich die Kosten hier noch nicht beleuchtet wurden und diese durchaus höher als die Erlöse sein können. Ob man bei hohen Erlösen einen Gewinn oder einen Verlust erwirtschaftet, stellt sich immer erst nach Betrachtung der Kosten heraus.

Aber langsam, gehen wir der Reihe nach:

**Umsatz.** Der Begriff »Umsatz« ist gleichbedeutend mit »Erlös« und bezeichnet die Summe der verkauften Waren und Dienstleitungen einer Unternehmung. Heißt: Ein »Absatz« von zehn erbrachten DRGs mit einer Vergütung von jeweils 3.000 € machen 30.000 € Umsatz/Erlös aus. Also: Menge × Preis.

**Kosten.** Über dieses Thema kann man eigentlich ein eigenes Buch schreiben. Vermutlich aus genau diesem Grund wurden auch etliche Bücher über dieses Thema geschrieben. Im Abschnitt »Kostenrechnung« (▶ Kap. 5) wird die Kostenthematik ausführlicher dargestellt, aber einige Basics sollten wir an dieser Stelle schon vorwegnehmen. Interessant sind insbesondere folgende **Unterscheidungen:**

- **Fixkosten** sind Kosten, die unabhängig von der erbrachten Menge konstant bleiben, z. B. das Grundgehalt eines fest angestellten Arztes. Dieses Grundgehalt wird unabhängig von der Anzahl der behandelten Patienten oder der erbrachten Leistung gezahlt.
- **Variable Kosten** hingegen sind Kosten, die mengenabhängig variieren, also z. B. Kosten für eine einzelne Hüftendoprothese.
- Man kann Kosten zusätzlich unterscheiden in **Personal- und Sachkosten**. Im Krankenhaus liegen die Personalkosten im Schnitt übrigens bei fast 65%, was deutlich über dem Anteil manch anderer Branche liegt. Das erwähnte Arztgehalt beschreibt im angeführten Fall also Fixkosten und Personalkosten. Die einzelne Hüftendoprothese stellt hier variable Kosten und Sachkosten dar.

Das Ganze ist aber natürlich auch anders herum denkbar: Eine studentische Nachtwache, die

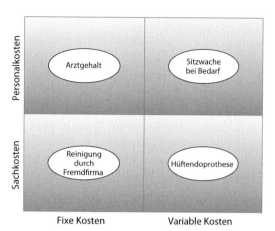

**Abb. 3.2** Fixe und variable Kosten, Personal- und Sachkosten

nur bei Bedarf angefordert und stundenweise bezahlt wird, stellt ein Beispiel für variable Personalkosten dar. Die festen monatlichen Zahlungen an die Reinigungsfirma sind hingegen fixe Sachkosten (◘ Abb. 3.2). Letzterer Punkt ist insofern spannend, als man denken mag, dass die Reinigungsfirma doch auch einen hohen Personalaufwand hat. Wo sind also die Personalkosten? Wie die Reinigungsfirma rechnet, ist in dieser Betrachtung aber irrelevant und nicht unser Problem, für uns sind es hier erst einmal Sachkosten, weil das Krankenhaus die ausgestellte Rechnung der Reinigungsfirma begleicht und nicht das Gehalt für deren Angestellte zahlt.

**Einzel- und Gemeinkosten.** Worüber man noch gelegentlich stolpert, sind Einzel- und Gemeinkosten. Einzelkosten sind alle Kosten, die einem Produkt direkt zugeordnet werden können, beispielsweise die Hüftendoprothese (gemeint ist hier nur das Implantat) bei einer Hüft-OP. Gemeinkosten entstehen in diesem Fall dann durch die Reinigungskraft für den OP, die ja nicht extra wegen der einzelnen OP da ist. Relevant ist das, wenn es z. B. um die Kosten für eine einzelne DRG geht. Einige Kosten (z. B.

Materialkosten) kann man als Einzelkosten gut direkt zuordnen, da aber das Krankenhaus ja nicht für die einzelne DRG gebaut wurde, muss man andere Kosten möglichst realistisch allen erbrachten Leistungen zuordnen. Man kann einfach nicht alle Kosten realistisch zuordnen, daher bleibt keine Alternative zu den Einzel- und Gemeinkosten. Wichtig ist diese Unterscheidung auch noch in den Tiefen der Kostenrechnung, wie Sie sehen werden.

**Sprungfixe Kosten.** Dies sind Kosten, die nur innerhalb gewisser Intervalle konstant sind. Eigentlich verhalten sie sich genau so, wie ihr Name das vermuten lässt: Erst springen sie, dann sind sie fix. Ein Beispiel: An einem CT können hypothetisch 1–49 Untersuchungen am Tag durchgeführt werden, die Kosten für das CT sind innerhalb dieses Rahmens aber immer gleich ( Abb. 3.3). Egal, wie viele Untersuchungen man durchführt, das Gerät muss bezahlt werden. (Das stimmt natürlich nicht ganz, aber gesetzt, man berechnet hier für das CT nur einen Kaufpreis, kann man dieses Beispiel durchaus verwenden.) Möchte man nun mehr als 49 Untersuchungen durchführen, braucht man ein zweites CT, das kostet dann für die nächsten 49 Untersuchungen wiederum gleich viel usw.

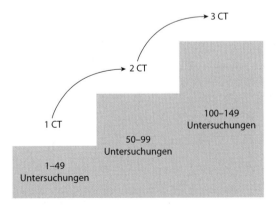

**Abb. 3.3** Sprungfixe Kosten am Beispiel von CT-Untersuchungen

Es gibt außerdem noch etliche weitere Kostenarten, aber die wichtigen werden im Kapitel »Kostenrechnung« erwähnt, und die anderen sollten Sie bei Interesse in einem entsprechenden ausführlichen Werk nachlesen.

Ein Tipp zur Fettnapfvermeidung: Es gibt keine Unkosten! Kosten sind Kosten! Was sollen denn auch Unkosten, also »Nicht-Kosten«, sein? Wer gegenüber einem Betriebswirt von Unkosten spricht, hat verhältnismäßig schlechte Karten, im aktuellen Gespräch noch ernst genommen zu werden. Natürlich ist das etwas spitzfindig, es gibt ja schließlich – so gesehen – auch kein Unwetter, aber wollen Sie denn unbedingt freiwillig Zündstoff liefern?

**Gewinn.** Wie gesagt: Der Gewinn wird leider gerne mit dem Erlös verwechselt. Gewinn entsteht aber erst dadurch, dass alle relevanten Kosten abgezogen werden. So kann dann von der eigentlich hohen Summe, die man als Erlös für eine Herzklappen-OP bekommt, durchaus eine negative Zahl »übrig« bleiben, wenn man bedenkt, was man noch alles an Personal- und Sachkosten, Einzel- und Gemeinkosten etc. abziehen muss. Das macht ja aus ökonomischer Sicht auch den Charme von DRGs aus: Bei gleicher Vergütung ist der Leistungserbringer gezwungen, unter gegebenen Qualitätsstandards geringstmögliche Kosten zu verursachen, um nicht mit Verlust zu arbeiten. Jede Untersuchung die einzeln vergütet wird, wird hingegen mit höherer Wahrscheinlichkeit auch durchgeführt – ob sie nun nötig ist oder nicht.

**Beispiel**

Einfacher: Haben Sie schon einmal etwas bei einem Internetauktionshaus versteigert? Wenn Sie Ihren Dachbodenfund, eine alte Vase, für 20 € versteigert haben, ist das
▼

erst einmal der Erlös. Die Kosten setzen sich dann zusammen aus dem, was Sie als Gebühr an die Auktionsplattform überweisen müssen, dem Strom, dem PC, den Sie anteilig dazu nutzen, der Heizung für das Zimmer in dem Sie sitzen, Ihrem persönlichen Stundensatz für den Zeitaufwand, dem Verpackungsmaterial, das Sie eventuell nicht auf die Versandkosten aufgeschlagen haben und und und … Sie sehen: So viel bleibt von den 20 € gar nicht übrig! Und das genau ist dann der Gewinn. Wenn Sie nun die Vase nicht einfach, sondern unnötigerweise zehnfach vor dem Versand polstern, steigen die Kosten, der Erlös bleibt hingegen gleich und der Gewinn ist dann eventuell keiner mehr, sondern ein Verlust.

**Rentabilität.** Unter der Rentabilität (auch als Rendite bezeichnet) versteht man die Verzinsung des eingesetzten Kapitals. Ganz einfach: Das gute alte Sparbuch gibt hypothetisch 1% Zinsen auf das eingesetzte Kapital, was bei einem Kapital von 100 € einer Rendite von genau 1 € bzw. einer Rentabilität von eben diesem 1% entspricht.

Es lassen sich verschiedene Formen der Rentabilität unterscheiden. Die Rentabilität kann sich auf den Umsatz, das Eigenkapital, das Gesamtkapital oder auf eine andere Kennzahl beziehen. Diese werden dann als Umsatz-, Eigenkapital- bzw. Gesamtkapitalrentabilität bezeichnet. Generell ist die Rentabilität oft spannender als der Gewinn: Wenn Sie ein Auto günstig für 10.000 € (entsprechend Ihren Kosten) kaufen und es für 12.000 € (Ihr Umsatz) direkt wieder verkaufen können, haben Sie 2.000 € (Gewinn) verdient. Rendite hier: 2.000 € Gewinn geteilt durch 12.000 € Umsatz gleich ca. 17%. Da sich die Rentabilität auf den Umsatz bezieht, spricht man in diesem Fall von der Umsatzrentabilität.

Wenn Sie dagegen 1.000 Katarakte für hypothetische 102 € operieren (Umsatz: 1.000 × 102 €, also 102.000 €), dabei aber jeweils Kosten von 100 € haben, haben Sie am Ende auch 2.000 € verdient. Hier beträgt die Rendite aber nur miese 2% (◘ Tab. 3.1).

Oft hört man den Begriff der Rendite auch auf Börsen-Neudeutsch: »ROI«, was »Return On Investment« bedeutet und nichts anderes als die Rentabilität des eingesetzten Kapitals meint, also der Gesamtkapitalrentabilität entspricht.

◘ **Tab. 3.1** Die Rendite kann trotz gleichem Gewinn erheblich variieren.

| Ware | Auto | »Ware« | Augen-OP |
|---|---|---|---|
| Anzahl | 1 | Anzahl | 1000 |
| Umsatz | 12000 € | Umsatz | 102000 € |
| Kosten | 10000 € | Kosten | 100000 € |
| Gewinn | 2000 € | Gewinn | 2000 € |
| Rendite | 17% | Rendite | 2% |

**Produktivität.** Sie ist in der Gesamtheit leider sehr schwer zu messen, wohl aber in einzelnen Aspekten. Grundsätzlich gilt: Produktivität gleich Output pro Input. Wenn man so will: operierte Hüften je Operateursstunden. Der schnellere Operateur ist somit definitionsgemäß erst einmal produktiver, aber nur, wenn er auch sauber arbeitet und nicht die anschließenden Revisions-OPs den guten Schnitt wieder zunichte machen. Die Gesamtproduktivität zu bemessen würde hier bedeuten, z. B. den Materialeinsatz des Operateurs und alle relevanten Kosten mit zu bewerten. Vielleicht ist der schnelle Operateur also auch bei gleichem medizinischen Erfolg insgesamt doch nicht produktiver, wenn er einen erheblich höheren Material- und Personalaufwand hat.

Zwei Begriffe sollen hier nur am Rande noch erwähnt sein:

**Effektivität.** Sie drückt aus, zu welchem Grad ein vorher definiertes Ziel erreicht wurde. Sie sind also effektiv, wenn Sie alle geplanten Operationen eines Tages auch tatsächlich durchgeführt haben.

**Effizienz.** Sie beschreibt das Verhältnis dieses Ziels zu dem dazu nötigen Aufwand. Hier wird im Gegensatz zur Effektivität auch der Ressourceneinsatz bewertet. Die Effizienz ist dann höher, wenn Sie die Operationen mit nur einem Team in nur einem OP-Saal durchgeführt haben, als wenn Sie dazu drei OP-Säle und drei Teams gebraucht hätten.

### 3.1.3 Grundprinzipien und Analysemethoden – der Werkzeugkasten des Ökonomen

#### ABC-Analyse oder 80/20-Regel oder Pareto-Prinzip

Wahrscheinlich beinhaltet diese Regel eine der wichtigsten Erkenntnisse dieses Buches: Relevantes muss höher gewichtet werden. Ursprünglich entwickelt wurde die Regel von dem italienischen Ökonomen Vilfredo Pareto, der sich die Vermögensverteilung in Italien angesehen hatte und darauf gestoßen war, dass 20% der Familien 80% des Vermögens in den Händen hatten. Diese Verteilungsregel ist natürlich eine idealisierte und lässt sich keineswegs auf alle Belange anwenden, aber verblüffend häufig kommt es hin. Und was wäre falsch am Prinzip, sich zuerst um die relevanten Dinge zu kümmern? Die Wahrscheinlichkeitsverteilung variiert übrigens. Wenn Sie selbst recherchieren, werden Sie merken, dass sich auch Verhältnisse von 70/30 und andere Zahlen finden. Uns ist das egal, es kommt auf das Grundprinzip an.

Was hat nun die Medizin damit zu tun? Wissen Sie, von wie vielen Einweisern Ihre stationären Patienten kommen? Zählen Sie doch mal. Nach der Regel würden 80% des Effektes von 20% der Ursachen verursacht bzw. 80% der Einweisungen von 20% der Einweiser. Das Ganze funktioniert auch, wenn man es auf den Umsatz stationärer Patienten bezieht. Faszinierend ist immer wieder, wie viel Umsatz eines Krankenhauses oder einer Abteilung mit wie wenig Prozent der DRGs erreicht wird. In der klassischen Verteilung werden die Kunden dann nach Priorität den Klassen A, B und C zugeteilt (◘ Abb. 3.4). Sie können das Ganze auf diverse Belange anwenden: zur Klassifikation von Einweisern, zur Identifikation der Behandlungen, die als erste standardisiert werden

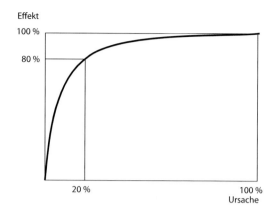

**◘ Abb. 3.4** Die klassische ABC-Analyse

sollten, etc. Was nützt es, wenn Sie als Grundversorgungsklinik zuerst einen Standard für die Behandlung des Guillain-Barré-Syndroms etablieren, wo doch die Gallenblasen-OPs alleine 50% aller DRG-Fälle ausmachen? Also: First things first!

### »Learning Curve« oder Lernkurve

Die These lautet: Bei Steigerung der Absatzmenge sinken die internen Kosten. Ein Krankenhaus, das eine bestimmte OP nur einmal im Jahr durchführt, braucht je OP länger und verursacht höhere Kosten, als wenn diese OP täglich fünfmal durchgeführt wird. Oder, einfacher gesagt: Übung macht den Meister. Die Lernkurve beschreibt den Zusammenhang zwischen der Häufigkeit der Wiederholung eines Prozesses und Effizienz dieses Prozesses. Dies kann auch als Übungseffekt bezeichnet werden. Als Konsequenz wird das Ziel abgeleitet, hohe Marktanteile zu gewinnen, um über die Stückzahl die internen Kosten im Vergleich zum Wettbewerber zu senken. Dies gilt für viele Wirtschaftsunternehmen und ist auch für Krankenhäuser nicht verkehrt. Die gesetzlichen Mindestmengen, die ja bislang nur für einige Behandlungen gelten, folgen diesem Prinzip, wobei dort nicht zwingend die Kosten im Vor

dergrund stehen, sondern die Behandlungsqualität. Das ist allerdings kein Widerspruch, denn gute Qualität bedingt ja wiederum langfristig geringere Kosten, z. B. durch weniger Nachbehandlungen. Bei Verbundkrankenhäusern bilden sich z. T. schon Spezialisierungen, die das Prinzip der Lernkurve nutzen: Wieso sollen zwei Kliniken, die zum selben Träger gehören, jeweils das Gleiche in jeweils geringer Anzahl machen? Wenn sich in einem extremen Beispiel ein Haus auf konservative Fälle und eines auf operative Fälle spezialisieren würde, hätten vermutlich beide jeweils einen Erfahrungszuwachs und damit sinkende Kosten zu verzeichnen. Natürlich geht das in der Realität nicht ganz so einfach wie in dem Beispiel, aber der Grundsatz gilt.

### Bottom-Up oder Top-Down

Ein OP-Pfleger, der Ihnen ein Konzept vorstellt, mit dem es gelingt, die gleiche Anzahl von OPs mit einem besetzten Saal weniger durchzuführen, wäre das klassische Beispiel eines Projektes mit Bottom-Up-Ansatz. Sie müssen dann nur noch mitspielen und das Konzept »nach oben« durchsetzen.

Im entgegengesetzten Top-Down-Ansatz streicht Ihnen jemand aus übergeordneter Position, der festgestellt hat, dass Sie viel Zeit im OP nicht effektiv nutzen, einen Saal. Damit müssen Sie dann klarkommen und Ihr Verhalten an die »von oben« geänderten Rahmenbedingungen anpassen.

Oft ist der Top-Down-Ansatz (leider) der zielführendere, wenn auch nicht der elegantere. Wahrscheinlich ist es ein Teufelskreis: Da niemand in unserem Beispiel freiwillig einen der hart erkämpften und verteidigten OP-Säle abzugeben gedenkt, funktioniert ein Bottom-Up-Ansatz oft nicht: Vielleicht merkt es ja niemand, und man hat ja mit einem Saal mehr noch etwas Luft in der OP-Planung und kann zudem seinen Stellenschlüssel begründen. Weil Bottom-Up so nicht funktioniert und es sehr wohl jemand gemerkt hat, wird die Reorganisation irgendwann Top-Down umgesetzt, was wiederum zu Unverständnis dahingehend führt, warum die Verwaltung nicht zuerst einen Bottom-Up-Ansatz versucht.

Wir stellen dies bewusst sehr plakativ dar – in Wirklichkeit liegen zwischen Schwarz und Weiß sehr viele Grautöne –, aber das Handeln innerhalb eines Betriebes ist oft derart politisch dominiert. Nicht nur im Krankenhaus.

Natürlich kann man aber beide Vorgehensweisen auch kombinieren und nach dem initialen Beschluss »Top-Down« ein Konzept »Bottom-Up« entwerfen und es zurück »nach oben« laufen lassen.

### Porter's Five Forces

Michael Porter ist Professor für Wirtschaftswissenschaft in Harvard und nach allgemeiner Einschätzung einer der bedeutendsten Ökonomen unserer Zeit. Herr Porter beschäftigt sich hauptsächlich mit dem Gebiet des strategischen Managements und hat dazu Modelle etabliert, die weithin bekannt und verbreitet sind. Eines davon, die »Value Chain«, lernen Sie in Abschnitt 3.3 noch kennen (▶ S. 36–42), eins soll hier schon vorgestellt werden: Das von Michael Porter entworfene Modell der fünf Kräfte (Porter's Five Forces) beleuchtet die »Kräfte«, die von außen auf ein unternehmerisches Vorhaben einwirken, und ist somit ein Modell der strategischen Planung.

Wenn Sie z. B. überlegen, ein ambulantes Operationsverfahren neu anzubieten, kann es durchaus sinnvoll sein, dieses Modell zur Bewertung externer Einflussfaktoren zu verwenden. Es ist kein Allheilmittel, bietet aber einen umfassenden Rundum-Blick. Die fünf einwirkenden Kräfte (◘ Abb. 3.5) nach Porter sind in der Übersicht aufgeführt (mit dem Bezug auf unser Beispiel).

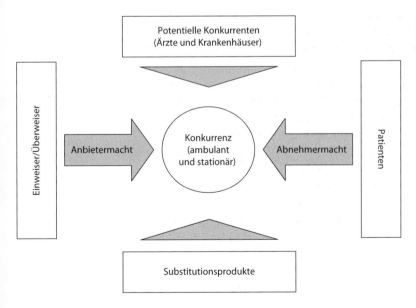

◘ **Abb. 3.5** Porter's Five Forces – bezogen auf ein ambulantes OP-Verfahren

**3**

**Porter's Five Forces**

- **Die vorhandene Konkurrenzsituation:** Hierzu zählen andere Krankenhäuser oder ambulante OP-Zentren, die aktuelle Bettenüberkapazität, die politische Situation etc.
- **Potenzielle neue Mitbewerber:** Hiermit sind Kollegen/Kliniken gemeint, die das gleiche Verfahren ebenfalls anbieten möchten.
- **»Zulieferer«:** Insbesondere ist deren Verhandlungsstärke bzw. Marktmacht gemeint, hier z. B. Einweiser bzw. überweisende Kollegen: Haben diese die freie Auswahl, wohin sie ihren Patienten schicken, oder gibt es in ländlichem Raum nur einen in Frage kommenden Anbieter? Klassische Zulieferer, also z. B. Anbieter von OP-Verbrauchsmaterial, sind mit diesem Punkt aber genauso angesprochen.
- **Kunden:** Ein Synonym für Patienten, deren Position sich durch bessere Informationen, z. B. durch Qualitätsdaten, Internetportale etc., derzeit verstärkt. Es ist aber auch die Verhandlungsmacht der »Abnehmer« im Sinne nachbehandelnder Ärzte gemeint.
- **Substitutionsprodukte:** Im Falle der ambulanten OP sind das z. B. die alternativ mögliche stationäre OP, konservative oder interventionelle Verfahren etc.

**SWOT-Analyse**

Zugegeben: Ein seltsamer Name, der sich aber gleich erklärt. Diese Analyse ist eines der am häufigsten angewandten strategischen Instrumente. Im Übrigen auch eines der einfachsten und übersichtlichsten. Die Möglichkeiten sind vielfältig: Mit einer SWOT-Analyse beleuchtet

**◻ Abb. 3.6** Die klassische SWOT-Analyse

man ein gesamtes Unternehmen im Markt oder ein spezielles Vorhaben, wie z. B. die Einführung eines speziellen urologisch-endoskopischen Verfahrens.

Im Wesentlichen stellt die SWOT-Analyse die Betrachtung vier wesentlicher Faktoren dar. Der Name ergibt sich aus den vier Komponenten, die betrachtet werden (◻ Abb. 3.6). Zwei davon betreffen die internen Faktoren, die anderen zwei die externen Faktoren.

Interne Analyse:
- Strenghts (Stärken): eigene Stärken und Wettbewerbsvorteile, z. B. ein langjähriger Erfahrungsschatz bei urologisch-endoskopischen Verfahren
- Weaknesses (Schwächen): eigene Schwächen, z. B. schlechte Infrastruktur, niedriger Personalstand etc.

Externe Analyse:
- Opportunities (Chancen): z. B. eine hohe Wahrscheinlichkeit, dass urologisch-endoskopische Verfahren zukünftig nachgefragt und kostendeckend vergütet werden
- Threats (Bedrohungen): Bedrohungen von außen, wie sie ebenfalls im Five-Forces-

Modell ermittelt werden können, also beispielsweise eine starke Konkurrenz für das geplante Verfahren

## Matrixdarstellungen

Eine beliebte Form der Darstellung ökonomischer Sachverhalte ist die Matrixdarstellung, bei der Inhalte zweidimensional dargestellt werden und einen entsprechenden Wert zugeordnet bekommen. Beispielsweise werden Problemfelder nach Aufwand der Beseitigung und Effekt der Beseitigung dargestellt. Ebenfalls kann man DRGs nach Anzahl der Erbringer und nach erbrachter Gesamtmenge klassifizieren.

Ein sehr bekanntes Beispiel aus der Wirtschaft ist die BCG-Matrix (◘ Abb. 3.7). BCG ist dabei die Abkürzung für den Firmennamen einer bekannten Unternehmensberatung, der Boston-Consulting-Group. In dieser Matrix werden Produkte nach relativem Marktanteil und Marktwachstum eingeordnet. Entsprechend folgen aus der Kategorie dann bestimmte Normstrategien. Eine »Cash-Cow«, also ein Produkt mit hohem Marktanteil, aber geringem Marktwachstum, kann man »melken«, in den darüber liegenden »Star« sollte man noch investieren. Auch wenn strategische Entschei-

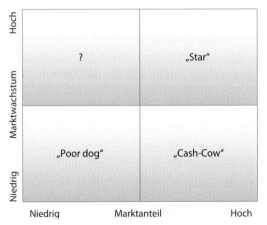

◘ **Abb. 3.7** Die klassische BCG-Matrix

dungen mitnichten »mal eben« von der Vorlage getroffen werden, sind Matrixdarstellungen doch ein hilfreiches Mittel. Die bekannte BCG-Matrix gibt es auch in etlichen anderen Varianten. Andere bekannte Unternehmensberatungen haben angelehnte und auch erweiterte Modelle entwickelt, die sich teilweise nur in Details unterscheiden.

## Vorgehensmodelle

Vorgehensmodelle beschreiben, wie man sich einem Projekt nähert, beispielsweise der Reorganisation einer medizinischen Fachabteilung. Grob stehen sich hier zwei verschiedene Ansätze gegenüber. Der erste Ansatz ist der »klassische« und besteht aus drei Schritten (▶ Grafik).

Der Vorteil ist, dass man sich zuerst einen detaillierten Überblick verschaffen kann, bevor über Änderungen nachgedacht wird. Der Nachteil liegt genau darin: Gedanklich bleibt man in den bestehenden Strukturen verhaftet und wagt sich nach bestehender Ist-Analyse selten an etwas revolutionär Neues.

Dem steht daher das umgekehrte Prinzip entgegen, bei dem zuerst der Idealzustand definiert wird, der detaillierte Ist-Zustand erst danach erhoben und dann die entstehende Lücke (engl.: »gap«) gefüllt wird. Den üblichen Anglizismen in diesem Zusammenhang folgend, wird dieses Vorgehen »Greenfield Approach« genannt: Wie würde man es also von der grünen Wiese aus angehen, ohne durch historisch gewachsene Strukturen im Denken vorbelastet zu sein? Der Vorteil hier ist, dass etwas Neues frei gedacht werden kann, ohne dass man etwas weiter macht, »weil es schon immer so war«. Nachteil und Gefahr ist, dass sich die erdachten neuen Strukturen aufgrund bestehender Rahmenbedingungen gegebenenfalls gar nicht in die Realität umsetzen lassen (▶ Grafik).

Definition Ideal-Zustand 〉〉 „GAP-Analyse" 〉〉 Umsetzung

## 3.2　Rechtliches und Politisches

»Politics is the art of preventing people from taking part in affairs which properly concern them.« (Paul Valery)

### 3.2.1　Rechtsformen – egal, was oben drauf steht?

Jedes Unternehmen, und damit auch jedes Krankenhaus, wird in einer bestimmten Rechtsform geführt. Eine Rechtsform definiert wie eine Art Verfassung für das Unternehmen die gesetzlichen Rahmenbedingungen, in denen sich das Unternehmen bewegen kann. Grundsätzlich gibt es nach deutschem Recht eine Vielzahl von Rechtsformen, die theoretisch in Frage kommen. Daneben gibt es Sonderformen, wie z. B. Stiftungen und Anstalten des öffentlichen Rechts, wie sie bei Universitätskliniken zu finden sind. Aber nicht jede Rechtsform kommt auch für jeden Unternehmenszweck und jede Unternehmensgröße in Betracht. Um die Frage zu beleuchten, wann welche Rechtsform für welches Unternehmen geeignet ist, werden wir im ersten Schritt die wesentlichen Rechtsformen vorstellen, um dann im zweiten Schritt auf mögliche Gründe für eine Wahl einer bestimmten Rechtsform einzugehen.

## Die wichtigsten Rechtsformen in Deutschland

Für eine Kategorisierung von Rechtsformen kann man danach unterscheiden, ob es sich um eine Rechtsform des privaten oder des öffentlichen Rechts handelt. Rechtsformen des öffentlichen Rechts stehen auch nur öffentlichen Trägern oder Institutionen, wie beispielsweise Kommunen, zur Verfügung. Die beiden häufigsten Rechtsformen des öffentlichen Rechts, der Regiebetrieb und der Eigenbetrieb, sind also auch den kommunalen Krankenhausträgern vorbehalten. Zur Erklärung: Ein Regiebetrieb ist organisatorisch, personell und haushaltstechnisch in einen kommunalen Haushalt eingebunden. Ein Eigenbetrieb dagegen stellt ein aus dem kommunalen Haushalt ausgegliedertes Unternehmen dar.

Allerdings können sich öffentliche Institutionen wie z. B. ein öffentliches Krankenhaus auch bei den Rechtsformen des privaten Rechts bedienen, was umgekehrt für private Unternehmen nicht möglich ist. Zwar kann eine Kommune oder Landkreis eine Gesellschaft mit beschränkter Haftung (GmbH) gründen, aber ein börsennotierter Krankenhausträger kann kein Krankenhaus in der Rechtsform des Eigenbetriebes führen.

Im Privatrecht wird zwischen »Personengesellschaften« und »Eigenständigen Juristischen Personen des privaten Rechts« unterschieden. Die wesentlichen Rechtsformen bei den Personengesellschaften sind dabei die Gesellschaft bürgerlichen Rechts (GbR), die Offene Handelsgesellschaft (OHG) und die Kommanditgesellschaft (KG). Partnerschaftsgesellschaften finden bei Wirtschaftsprüfern, Steuerberatern, oder Rechtsanwälten gerne Anwendung (◘ Abb. 3.8).

Bei den juristischen Personen des privaten Rechts sind als wesentliche Rechtsformen der »Eingetragene Verein« (e. V.), die »Gesellschaft mit beschränkter Haftung« (GmbH) und die

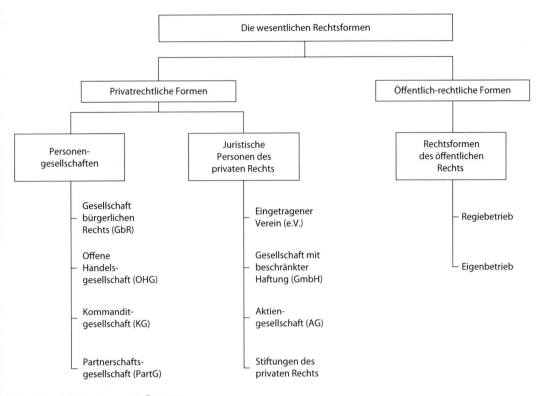

○ **Abb. 3.8** Rechtsformen im Überblick

Aktiengesellschaft (AG) zu nennen. Die Gesellschafter dieser Rechtsformen müssen nicht zwangsläufig private Personen sein, sondern können auch juristische Personen sein. So kann eine GmbH oder AG beispielsweise Gesellschafter einer anderen GmbH bzw. AG sein. Diese beiden Rechtsformen werden auch als Kapitalgesellschaften bezeichnet.

Die am häufigsten vorkommende Rechtsform in Deutschland wurde bis jetzt übrigens noch nicht erwähnt: Der »Eingetragene Kaufmann«, abgekürzt auch als »e. K.« bezeichnet. Diese Rechtsform ist weit verbreitet für Einzelunternehmer, die auch das vollständige Risiko ihrer unternehmerischen Aktivität tragen. Für Krankenhäuser ist diese Rechtsform nicht relevant und soll deshalb nicht weiter betrachtet werden. Ähnlich wenig Berücksichtigung finden auch die GbR, OHG und PartG für größere Einrichtungen im Gesundheitswesen.

Die Unterschiede der einzelnen Rechtsformen sind vielfältig. Es beginnt bei den formalen Anforderungen bei der Gründung des Unternehmens und reicht bis zu den vorgeschriebenen Organen der Gesellschaft. Ein wichtiger Unterschied ist der Umfang der Berichterstattung, zu der das Unternehmen verpflichtet ist. So sind beispielsweise große AGs und GmbHs verpflichtet, umfangreiche Informationen beim Handelsgericht zu hinterlegen, welche dann auch teilweise von der Öffentlichkeit eingesehen werden können.

Der wesentliche Unterschied der beiden Kategorien »Personengesellschaften« und »Eigenständige Juristische Personen des privaten Rechts« liegt darin, dass juristische Personen selbst rechtsfähig sind. Im Klartext: Dies bedeutet, dass das Unternehmen auch dann selbst Vertragspartner ist, wenn diese juristische Person beispielsweise einen Vertrag eingeht.

Ein Beispiel dazu:

**Beispiel**

Herr X ist Geschäftsführer eines Krankenhauses in der Rechtsform einer GmbH. Herr Y ist Betreiber der selbstständig bewirtschafteten Krankenhaus-Cafeteria, welche in der Rechtsform einer Personengesellschaft geführt wird. Die beiden schließen unabhängig voneinander einen Vertrag mit der gleichen Reinigungsfirma. Aus Gründen, die von der Bank zu verantworten sind, wird die Rechnung der Reinigungsfirma von beiden Vertragspartnern nicht bezahlt. Zur Begleichung der Rechnung schaltet die Reinigungsfirma nun ein Inkassobüro ein. Der Unterschied zwischen den beiden Unternehmen ist, dass sich das Inkassobüro zum einen an das Krankenhaus, zum anderen aber direkt an Herrn Y wendet. Herr X hat nämlich lediglich in Vertretung für die GmbH gehandelt und kann, anders als Herr Y, von dem Inkassobüro nicht in die Pflicht genommen werden.

Bei Personengesellschaften ist der Gesellschafter (also Teilhaber oder Inhaber) des Unternehmens gleichzeitig auch Unternehmensleitung. Bei eigenständigen juristischen Personen kann dies hingegen getrennt sein: So ist der Geschäftsführer einer GmbH oder der Vorstand einer AG bzw. eines Vereins nicht zwangsläufig auch Gesellschafter. Im Gesundheitswesen würde eine solche Konstellation auch die Ausnahme darstellen. Wie oft ist die kaufmännische Leitung einer Klinik auch gleichzeitig Gesellschafter?

Der eingetragene Verein, Stiftungen des privaten Rechts sowie Gesellschaften mit beschränkter Haftung (GmbH) und Aktiengesellschaften (AG) sind die häufigsten Rechtsformen im Bereich privater Rechtsformen.

Bei einer Kommanditgesellschaft werden die Gesellschafter als »Komplementär« und als »Kommanditist« bezeichnet. Der Komplementär ist dabei der persönlich haftende Gesellschafter, daneben hat der Kommanditist die Funktion eines reinen Kapitalgebers, der lediglich mit dem Geld haftet, dass er der Gesellschaft zur Verfügung gestellt hat.

**Beispiel**

Ein Beispiel dafür wäre ein Unternehmen, zu dessen Gründung Sie sich Geld von Ihrem Nachbarn leihen: Der Nachbar möchte eigentlich gar nichts weiter mit dem Unternehmen zu schaffen haben und zieht sich auf die reine Funktion als Kommanditist zurück. In welcher Form er dabei an Ihrem Gewinn beteiligt ist, bleibt übrigens Verhandlungssache.

Als weit verbreitete Mischform zwischen Personen- und Kapitalgesellschaft findet sich die Rechtsform der GmbH & Co KG. Es handelt sich dabei um eine Personengesellschaft in der Form der Kommanditgesellschaft. Bei einer GmbH & Co KG hat nun eine GmbH die Funktion des Komplementärs als vollhaftender Gesellschafter übernommen. Bei einer klassischen GmbH & Co KG sind die Gesellschafter der GmbH ebenfalls die Kommanditisten der KG. Die Vorteile dieser Konstruktion ist, dass alle an dieser Konstruktion beteiligten Personen lediglich bis zu ihrer Kapitaleinlage haften. Man kann sich natürlich zurecht fragen, warum man nicht stattdessen nur eine GmbH gründet. Dann wäre doch aus der Sicht der Haftung das gleiche Ziel erreicht. Solch findige (und damit komplexe) Konstruktionen schafft man in Deutschland meist aus einem Beweggrund: die Steuer! Es ist für viele private Unternehmer günstig, eine solche Konstruktion anzustreben, weil Gewinne, die in der Gesellschaft verbleiben, mit dem individuellen Einkommensteuersatz des Gesellschafters besteuert werden und nicht zur Körperschaftssteuer herangezogen werden.

## Gründe für bestimmte Rechtsformen

Die Gründe für die Wahl einer bestimmten Rechtsform sind vielfältig. Auf einige soll im Folgenden eingegangen und exemplarisch die Vielschichtigkeit der Entscheidung bei der Wahl einer geeigneten Rechtsform dargestellt werden:

**Haftung.** Die Haftung von Eigentümern und der Unternehmensleitung ist ein wesentliches Kriterium bei der Wahl der Rechtsform. Für den Fall von Verlusten bei Personengesellschaften haftet immer der Gesellschafter unbeschränkt, d. h. auch mit seinem privaten Vermögen. Bei der Gründung eines Vereins, einer Stiftung oder einer Kapitalgesellschaft hingegen wird Kapital zur Verfügung gestellt. Die Haftung beschränkt sich in der Regel auf dieses »Gründungskapital« und angesammelten Gewinnen des Unternehmens – von Fällen mit Vorsatz oder Fahrlässigkeit, bei der die Unternehmensleitung zum Schaden der Gesellschaft handelt, einmal abgesehen. Dies ist ein wesentlicher Grund, warum größere Unternehmen (beispielsweise ein Krankenhaus) als eigenständige juristische Person geführt werden. Sofern ein Krankenhaus in der Rechtsform einer Personengesellschaft geführt wird, heißt dies zwangsläufig, dass es auch eine Person geben muss, die für Verluste und Risiken persönlich haftet.

**Leitungsbefugnis.** Ein weiterer Grund für die Wahl einer bestimmten Rechtsform sind die vorgeschriebenen Leitungsorgane des Unternehmens und deren Überwachung. So wird eine GmbH immer von einem Geschäftsführer geleitet. Einer AG oder einem Verein steht immer ein Vorstand vor. Ein Direktorium, wie es im Krankenhaus üblich ist, ist dagegen gesetzlich nicht vorgeschrieben. Nach dem Willen des Gesetzgebers kann nur der Geschäftsführer oder Vorstand verantwortlich sein.

Unterschiede gibt es auch dahingehend, wie Entscheidungen getroffen werden können. So ist für Beschlüsse einer GbR Einstimmigkeit vorgeschrieben. Im Gegensatz dazu werden Entscheidungen bei einer eigenständigen juristischen Person durch deren Vertreter, d. h. dem Geschäftsführer oder Vorstand, alleine gefällt. Auch bei Entscheidungen der Gesellschafter von GmbHs oder AGs bedarf es in der Regel keiner Einstimmigkeit. Es werden Entscheidungen mit der Mehrheit bzw. einer Dreiviertel-Mehrheit gefällt. Einstimmigkeit kann, wenn dies die Gesellschafter wünschen, im Gesellschaftsvertrag aber freiwillig festgeschrieben werden. Ein solcher Gesellschaftsvertrag wird bei der Gründung geschlossen und behandelt u. a. die Anteilsverhältnisse zwischen den Beteiligten und die Rechte und Pflichten der einzelnen Gesellschafter.

Für die Überwachung der Unternehmensleitung ist vielfach ein festgeschriebenes Organ, z. B. ein Aufsichtsrat oder Beirat, verantwortlich. Dieses Organ ernennt, überwacht und entlässt die Unternehmensleitung. Bei Vereinen und GmbHs sind solche Überwachungsorgane nur in einigen Fällen vorgeschrieben, fakultativ sind sie aber immer möglich.

**Finanzierung und Kapitalbeschaffung.** Die Finanzierungsmöglichkeiten der Unternehmen ändern sich je nach Rechtsform erheblich. Wie bereits erwähnt, haften Gesellschafter bei Personengesellschaften auch mit ihrem Privatvermögen. Bei kleineren Unternehmen kann dies ein Vorteil sein: Eine Bank ist eher bereit, Kredite zur Verfügung zu stellen, da sie gegebenenfalls auf den Gesellschafter direkt zurückgreifen kann. Nachteil: Bei den Personengesellschaften in Form der GbR bzw. OHG haften alle Gesellschafter gesamtschuldnerisch, unbeschränkt und solidarisch. Es ist dabei unerheblich, wer wie viel Startkapital zur Verfügung gestellt hat. Eine Bank kann zur Tilgung der Schulden auf jeden einzelnen Gesellschafter zugehen und von diesem den gesamten offenen Betrag verlangen. Der betroffene Gesellschafter kann sich den Anteil von den übrigen Gesellschaftern zurückholen, mit diesem Vorgang braucht die Bank oder jeder andere Gläubiger sich aber nicht zu beschäftigen.

Für Kapitalgesellschaften besteht die Möglichkeit, eine Erhöhung der Einlage bei der Gesellschaft, eine so genannte Kapitalerhöhung, durchzuführen und so dem Unternehmen zusätzliches Kapital zur Verfügung zu stellen. Aus dem Geld im Eigentum des Gesellschafters wird Eigentum des Unternehmens. Als Gegenleistung erhält der Gesellschafter dann Anteile an dem Unternehmen.

**Steuern.** In Deutschland wird kaum eine wirtschaftliche Entscheidung gefällt, ohne die Frage zu stellen: »Wie wirkt sich das steuerlich aus?« Eine Personengesellschaft wird nicht direkt besteuert, sondern die Gewinne oder Verluste werden den Gesellschaftern zugerechnet und von diesen mit der Einkommensteuer besteuert. Kapitalgesellschaften werden dagegen als eigenständige juristische Personen mit der Körperschaftssteuer besteuert. Die Körperschaftssteuer ist also die Einkommensteuer von Kapitalgesellschaften. Für Krankenhäuser gibt es allerdings, wie für alle gemeinnützige Unternehmen, eine Besonderheit: Sie sind aufgrund ihrer Gemeinnützigkeit von Steuern auf den Gewinn, wie der Körperschaftssteuer, befreit. Gemeinnützigkeit muss sich aber nicht auf das gesamte Unternehmen beziehen. Nur die Umsätze, die mit den gemeinnützigen Tätigkeiten erzielt werden, sind steuerlich begünstigt.

---

**Beispiel**

Wenn Ihr Krankenhaus also Patienten behandelt, ist der Erlös steuerlich begünstigt. Wenn Erlöse mit dem Verkauf am Kiosk erzielt werden, sieht das anders aus. Auch der Gewinn, der durch die Vermietung erzielt wird (z. B. von Wohnungen oder Geschäftsfläche für den Blumenladen und den Krankenhausfriseur), ist nicht steuerbefreit.

### 3.2.2 SGB und andere – Spielregeln für alle Spieler

Ohne allzu sehr in die Vergangenheit ausholen zu wollen, soll dieses Kapitel einen kleinen Überblick über die wichtigsten »Spieler« im deutschen Gesundheitswesen geben und zeigen, welcher Sachverhalt wodurch geregelt ist. Da es sich vielfach um recht trockene Sachverhalte handelt, die sich auch nicht attraktiver gestalten lassen, fassen wir uns einfach kurz.

In Deutschland gilt grundsätzlich die Sozialversicherung, die auf den in der Übersicht dargestellten Grundprinzipien basiert.

---

**Die Prinzipien der Sozialversicherung**
- **Versicherungspflicht**: Diese gilt zumindest bis zu einer bestimmten Einkommensgrenze.
- **Finanzierung über Beiträge**: Die Beiträge stammen von Arbeitgebern und Arbeitnehmern.

▼

- **Solidaritätsprinzip:** Die gesamte Versichertengemeinschaft trägt Risiken für jedes Mitglied in vollem Umfang, unabhängig von Dauer der Versicherung und gezahlten Beiträgen des Einzelnen. Aus rein ökonomischer Sicht würde es sich also für den Einzelnen »lohnen«, sich zu versichern und unmittelbar nach Beginn der Versicherung sehr kostspielig behandeln zu lassen.
- **Selbstverwaltung:** Soll eigentlich bedeuten, dass die Träger der Sozialversicherungen als selbstständig agierende Körperschaften öffentlichen Rechtes den Staat entlasten sollen, im wörtlichen Sinne könnte man aber boshaft vermuten, dass das Prinzip gilt, sich in erster Linie selbst zu verwalten.
- **Freizügigkeit und Äquivalenz:** Diese behandeln im Wesentlichen den freien Verkehr von Waren, Dienstleistungen und Kapital innerhalb der EU-Mitgliedstaaten (Freizügigkeit) und die Äquivalenz zwischen geleisteten Beiträgen und erhaltenen Leistungen.

Folgende Versicherungen gehören zu den Sozialversicherungen:
- Krankenversicherung,
- Pflegeversicherung,
- Unfallversicherung,
- Rentenversicherung,
- Arbeitslosenversicherung.

Trotz dieser gemeinsamen »Familie« sind die Zuständigkeiten auf politischer Seite unterschiedlich: Während Kranken- und Pflegeversicherung vom Bundesministerium für Gesundheit (BMG) verantwortet werden, »kümmert« sich das Bundesministerium für Arbeit und Soziales um die Unfall-, Renten- und Arbeitslosenversicherungen.

Gesetze, die sich mit dem Gesundheitssystem bzw. mit den Sozialversicherungen befassen, finden sich geordnet nach der Thematik in den Sozialgesetzbüchern (SGB), wie der Name ja auch vermuten lässt. Spannend (sofern Gesetzbücher spannend sein können) sind für die Belange des Gesundheitswesens insbesondere
- **SGB I** (Allgemeiner Teil),
- **SGB V** (Gesetzliche Krankenversicherung).

Da natürlich die Rehabilitation ebenfalls ein wichtiger Teil der Medizin ist, möchten wir aber nicht verschweigen, dass sich SGB VI und insbesondere SGB IX mit dieser Thematik beschäftigen.

Eigentlich könnten wir an dieser Stelle aufhören, denn in diesen Sozialgesetzbüchern findet man Regelungen für fast alles, was nachgeordnet von Bedeutung ist, u. a.:
- gemeinsamer Bundesausschuss (G-BA),
- Kassenärztliche Vereinigungen,
- Bedarfsplanung,
- Ärztevergütung,
- Krankenhäuser,
- ambulante Leistungen (mit § 115 im Rahmen des ambulanten Operierens oder der KV-Ermächtigung haben auch Krankenhausärzte in der Regel Kontakt),
- Öffnung der ambulanten Behandlungsmöglichkeit auch für Krankenhäuser im Rahmen des GKV-WSG (Gesetz zur Stärkung des Wettbewerbs in der Gesetzlichen Krankenversicherung oder, kürzer, GKV-Wettbewerbsstärkungsgesetz),
- integrierte Versorgung,
- Medizinische Versorgungszentren (MVZ),
- Krankenkassen und Kassenarten.

Ein Teil fehlt aber: Bislang haben wir noch nichts über DRGs und die Krankenhausfinanzierung gesagt, wobei das doch Themen sind, die vermutlich nicht minder interessant erscheinen. Ein paar Gesetze, die noch nicht erwähnt wurden, gibt es ja auch noch, hier sind sie der Einfachheit halber alphabetisch aufgeführt:

**KHBV.** Verordnung über die Rechnungs- und Buchführungspflichten von Krankenhäusern bzw. »Krankenhausbuchführungsverordnung«. Die Krankenhausbuchführungsverordnung regelt im Wesentlichen die Besonderheiten der Belange von Krankenhäusern und schreibt vor, was in Bilanz und Gewinn- und Verlustrechnung (GuV) in welcher Form aufzuführen ist. Neben den allgemeingültigen Vorschriften zur Bilanzierung werden hier auch einige Besonderheiten, z. B. die Verwendung von Fördermitteln, behandelt. Zwar wird den Deutschen ja eine allgemeine Regelungswut unterstellt, aber tatsächlich gibt es neben Krankenhäusern gar nicht viele Branchen, die speziellen Bilanzierungsvorschriften unterliegen.

**KHEntgG.** Gesetz über die Entgelte für voll- und teilstationäre Krankenhausleistungen. Hier wird die DRG-Vergütung näher definiert, und es werden die Konvergenzphase sowie die Berechnung der Entgelte beschrieben. Wenn es in Zukunft zu Änderungen im DRG-System kommt, wird es u. a. hier zu lesen sein.

**KHG.** Gesetz zur wirtschaftlichen Sicherung der Krankenhäuser und zur Regelung der Krankenhauspflegesätze. Man kann es dem Namen nicht ganz entnehmen, aber hier findet sich die Investitionsfinanzierung wieder. Dazu aber mehr im nächsten Abschnitt.
Die im Rahmen der jüngsten Gesundheitsreform etablierten Gesetze wie das »Gesetz zur Reform des Vertragsarztrechtes und anderer Gesetze (VÄndG)« (so ein Name kann nur von Behörden stammen), das GKV-Wettbewerbsstärkungsgesetz (GKV-WSG) sowie die Gesetze

und Verordnungen rund um Fallpauschalen beziehen sich übrigens auf Änderungen an den bereits bestehenden Gesetzen.

Nun noch einige Worte zu den anfangs angekündigten Teilnehmern im deutschen Gesundheitswesen. Die meisten, sprich, Krankenkassen, Leistungserbringer und Politik, bedürfen eigentlich keiner näheren Erläuterung, aber drei Namen sind noch wichtig genannt zu werden:

**Der gemeinsame Bundesausschuss (G-BA).** Der G-BA ist im Rahmen des SGB V definiert und übernimmt die beschriebenen Selbstverwaltungspflichten. So gesehen werden auf ihn gesetzgeberische Aufgaben delegiert. Der G-BA steht zwar unter Aufsicht des BMG, ist aber eigentlich eine eigenständige juristische Person des öffentlichen Rechts.
Die Mitglieder sind
- Vertreter der Kostenträger (Gesetzliche Krankenkassen),
- Vertreter der Leistungserbringer (Ärzte, Zahnärzte, Psychotherapeuten, Krankenhausärzte),
- unparteiische Mitglieder (davon ein unparteiischer Vorsitzender),

die in ihrer Zusammenstellung die früheren Ausschüsse (Bundesausschuss der Ärzte und Krankenkassen, Bundesausschuss der Zahnärzte und Krankenkassen, Koordinierungsausschuss und Ausschuss Krankenhaus) ersetzen. Die Aufgaben des G-BA liegen im Grunde darin, Leistungen der Gesetzlichen Krankenversicherung zu definieren und über den Gesetzestext hinaus zu gestalten. Er verabschiedet Empfehlungen und hat Aufgaben im Qualitätsmanagement.

**Das Institut für das Entgeltsystem im Krankenhaus (InEK).** Das InEK, im Rahmen der Selbstverwaltung gegründet, unterstützt die Vertragspartner (Gesetzliche Krankenkassen, die Deutsche Krankenhausgesellschaft, Verband der Privaten Krankenkassen) bei der Einführung und Weiterentwicklung des DRG-Systems auf der Grundlage von § 17 b KHG. So gesehen hat die Politik also die Fallpauschalen vorgeschrieben und die Ausarbeitung auf andere Schultern gelegt. Diese haben sich hier zusammengeschlossen.

**Der Spitzenverband Bund der Krankenkassen (Spibu).** Der Spibu löst im Rahmen der jüngsten Gesundheitsreform die bestehenden sieben Krankenkassenverbände ab und untersteht dem BMG. Er vertritt also die Belange der Gesetzlichen Krankenversicherung und setzt sich aus Vertretern der bisherigen Verbände zusammen.

### 3.2.3 Krankenhausfinanzierung – wie viel Krankenhaus zahlt das Land?

Die Finanzierung der Krankenhäuser folgt dem Prinzip der **dualen** oder **dualistischen Finanzierung** (das »Duale System« hingegen ist das mit dem Grünen Punkt). Danach werden die laufenden Kosten der Krankenhäuser durch die Krankenkassen getragen, Investitionen auf der anderen Hand werden für Krankenhäuser, die im Krankenhausplan (SGB V) aufgenommen sind, vom jeweiligen Bundesland getragen. Hierbei gibt es dann Einzelförderung und pauschale Fördermittel. Dieses System ist in heißer

Diskussion, da die Fördermittel teilweise nur spärlich und unterschiedlich verteilt fließen. Das Gegenstück zur dualistischen Finanzierung wäre die Monistik, d. h. die Finanzierung aus nur einer Hand (◘ Abb. 3.9).

Gehen wir etwas ins Detail. In § 108 SGB V heißt es:

»Die Krankenkassen dürfen Krankenhausbehandlung nur durch folgende Krankenhäuser (zugelassene Krankenhäuser) erbringen lassen:

1. Krankenhäuser, die nach den landesrechtlichen Vorschriften als Hochschulklinik anerkannt sind,
2. Krankenhäuser, die in den Krankenhausplan eines Landes aufgenommen sind (Plankrankenhäuser), oder
3. Krankenhäuser, die einen Versorgungsvertrag mit den Landesverbänden der Krankenkassen und den Verbänden der Ersatzkassen abgeschlossen haben.«

Das bedeutet im Wesentlichen: Von den Kassen gibt es nur Geld für Behandlungen, wenn das Krankenhaus im Landeskrankenhausplan steht, eine Uniklinik ist oder gesonderte Verträge abgeschlossen hat. Wenn nicht, kann man sich als Krankenhaus als Privatklinik bezeichnen und sich ebenso privat vergüten lassen. Wie aber funktioniert die Vergabe von Fördermitteln, dem anderen Arm der dualistischen Finanzierung? Wie gesagt: Es ist Ländersache, den Bedarf an Krankenhausversorgung

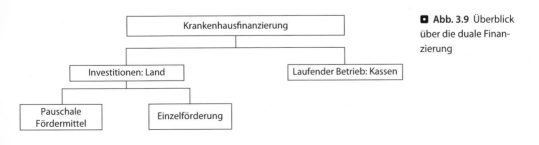

◘ **Abb. 3.9** Überblick über die duale Finanzierung

festzustellen. Letzteres ist übrigens gar nicht so einfach. Bislang werden Fördermittel häufig nach so genannten Planbetten vergeben, was von einigen Beteiligten als zutiefst ungerecht empfunden wird. Muss man also möglichst viele Betten aufstellen, um möglichst viel Fördermittel zu erhalten? Werden nicht die Krankenhäuser benachteiligt, die bei gleicher Bettenanzahl z. B. aufgrund besserer Organisation mehr vergleichbare Fälle behandeln? Wäre eine schweregradbezogene Förderung pro Fall nicht gerechter? Wir wollen diese Fragen hier nicht weiter diskutieren, aber dafür sensibilisieren, dass rechtliche Rahmenbedingungen spürbare Auswirkungen auf das Verhalten von Teilnehmern im Gesundheitswesen haben können und nicht alle rechtlichen Vorgaben komplett rational nachvollziehbar sind. Und wenn Sie sich für die Leistungsfähigkeit eines Krankenhauses interessieren: Schauen Sie lieber, wie viele Fälle mit welchem Schweregrad es erbracht hat, als auf Planbetten!

Der Zusammenhang zwischen Betten und Fördermitteln beschreibt etwas, was in der Betriebswirtschaft zu den Grundlagen gehört. Gemeint ist die Anreiztheorie, der zufolge (stark vereinfacht) sich Menschen naturgemäß opportunistisch verhalten und etwas nur dann tun oder lassen, wenn es ihnen Nutzen bringt bzw. Schaden verhindert.

§ 9 im KHG besagt, dass es auf Antrag (!) Fördermittel gibt. Jetzt wird es interessant: Man kann also auf die Fördermittel verzichten und Investitionen alleine mit eigenem oder fremdem Kapital bestreiten, wenn man sich nicht auf langwierige Anträge einlassen will. Genau das machen einige Krankenhausbetreiber, da sie sich so flexibler sehen und v. a. erheblich schneller agieren können, als die langwierige Runde eines Fördermittelantrags durch diverse behördliche Genehmigungsverfahren abzuwarten. Wie können aber die einen Häuser freiwillig auf staatliche Mittel verzichten und

trotzdem Gewinn machen, während andere auch mit Fördermitteln am Tropf hängen? Eine gute Frage, die sich vielleicht im Verlauf der Lektüre und insbesondere des nächsten Kapitels, in dem es um Prozesse und deren Optimierung geht, erschließt.

## 3.3   Produktionsgrundsätze

»Knowledge is the only instrument of production that is not subject to diminishing returns.«
(John Maurice Clarke)

### 3.3.1 Beispiel OP – der teuerste Platz im Krankenhaus

Grundsätzlich denken viele bei dem »klassischen« BWL-Thema Produktion erst einmal nicht an ein Krankenhaus. Und falls man doch darüber nachdenkt, kommt man vielleicht zu dem Schluss, dass der Begriff der Produktion in Papierfabriken oder in der Autoindustrie vielleicht angemessen ist, aber doch nicht in einer Klinik: Es geht doch um Patienten, nicht um die Herstellung eines gesunden »Jetzt-nicht-mehr-Patient-sondern-wieder-normaler-Mensch« aus den gelieferten »kranken Einzelteilen«.

Dabei wagt man sich vielleicht auch aus moralischen Gründen nicht an den Vergleich, obwohl er näher liegt, als man denkt. Natürlich begeben wir uns aber hier bewusst deshalb auf diesen Pfad, um die Grundzüge der Produktion, so wie sie als Basis in der Papierfabrik, in der Autoindustrie und im Krankenhaus gleichermaßen vorkommen, anschaulich zu erklären. Es handelt sich dabei weder um eine Geringschätzung des Patienten noch um eine Geringschätzung des besonderen Vertrauensverhältnisses bei einer medizinischen Behandlung.

Haben Sie z. B., falls Sie einmal im OP gearbeitet haben, sich noch nie über ständig zu spät kommende Operateure geärgert? Das hat auch mit dem OP als »Produktionsstätte" zu tun und ist obendrein nicht gut für den Patienten und das Krankenhaus – langfristig damit übrigens auch nicht für die Arbeitsplatzsicherheit der Beteiligten.

Warum aber ausgerechnet der OP? Der OP ist innerhalb einer Klinik der Bereich mit dem durchschnittlich am höchsten qualifizierten medizinischen Personal und versammelt somit auch die höchsten Kosten. Besser ausgebildet gleich teurer, das ist ja fast immer so. (Qualifizierte Internisten und andere nichtoperativ tätige Ärzte sollen aber dadurch hier nicht diskriminiert werden.) Vielleicht muss man den Öffentlichen Dienst bzw. das Krankenhaustarifsystem bei dieser Faustregel noch z. T. ausnehmen, aber das momentane Motto »Am längsten angestellt = am besten vergütet« wird sich wohl auch irgendwann überleben.

Gleichzeitig ist der OP aber auch ein Ort, an dem sehr hohe Erlöse (nicht unbedingt Gewinne) einer Klinik generiert werden, sonst könnte sich ja keine Klinik mehr einen OP leisten.

Immerhin so viel klassisches Prozessdenken ist aber schon vorhanden: »Standard-Operating-Procedures« (SOP) und »Klinische Behandlungspfade« (KBP) haben sich mittlerweile auch in der Medizin etabliert, auch wenn Einige das immer noch als Verlust der künstlerischen bzw. ärztlichen Freiheit werten.

Schauen wir uns im Folgenden den OP näher an und sehen nach und nach, was es mit Wertschöpfungskette, Prozess-Sicht, KVP, Six-Sigma und allem, was mit Produktion zusammenhängt, auf sich hat.

### Die Wertschöpfungskette

Die Wertschöpfungskette wurde erstmalig, so wie auch das schon erwähnte Five-Forces-Modell, von Michael Porter beschrieben. Der Begriff »Wertschöpfungskette (oder Value Chain) nach Porter« kann einem durchaus häufiger unterkommen. Herr Porter sagt im Wesentlichen: Jedes Unternehmen erhält auf den Beschaffungsmärkten die nötigen Zutaten (Material, Personal, Kapital) und macht daraus etwas wertvolleres Neues (ein Produkt oder eine Dienstleistung).

Grafisch dargestellt und sehr stark vereinfacht sieht das so aus:

Anstelle der klassischen Produktion ist dieser Prozess natürlich auch für Dienstleistungen denkbar. In diesem Fall würde aus der Mitwirkung von Satelliten, Kabeln, Telekommunikationsfachleuten und anderen Mitarbeitern dann z. B. ein Mobilfunkvertrag entstehen.

Im OP sieht es dann als Übertrag auf das Krankenhaus so aus:

Die Wertsteigerung besteht in diesem Fall nicht in dem Zusammenfügen von Einzelteilen zu einem neuen Ganzen, sondern in dem Wiederherstellen der Gesundheit des Patienten.

Ganz so einfach wie hier dargestellt ist es zwar fast, aber dann doch nicht ganz. Herr Porter hat die Wertschöpfungskette nämlich viel feiner definiert und zwischen primären und sekundären Aktivitäten unterschieden. Die **primären Aktivitäten** befassen sich mit der eigentlichen Produktion. Es sind dies

— Eingangslogistik (z. B. alles rund um medizinische Produkte und Medizintechnik, Lager usw.),

- Produktion (in unserem Beispiel alles rund um das Geschehen im OP),
- Ausgangslogistik (das Produkt zum Kunden zu bringen; dieser Bereich passt tatsächlich nicht so gut zum OP, aber grob gesehen kann man den Kontakt zum weiterbehandelnden Hausarzt und die Betreuung nach der OP dazu rechnen).

Die **sekundären Aktivitäten** befassen sich dann mit allen Bereichen, die der eigentlichen Produktion übergeordnet sind, also z. B.
- generelles Management (das kann sowohl das Krankenhaus- als auch das OP-Management sein),
- Personalmanagement.

Kommen wir aber zu etwas Spannenderem als den Grundlagen: Sowohl in der klassischen industriellen Produktion als auch im OP kommt man zwangsläufig von der »Produktion« zum »Prozess«. Einige entdecken ihn gerade erst, andere können das Wort Prozess schon nicht mehr hören, wir kommen aber ohne Erwähnung nicht aus: Wortklassiker (gerade aus der unternehmensberaterischen Gedankenwelt) wie »Prozessoptimierung«, »Prozess-Sicht« oder die eingangs erwähnten »Standard Operating Procedures« (SOPs) machen einem das Leben in und mit der Produktion nämlich erheblich einfacher.

Zur Geschichte: Irgendwann hat bekanntlich Henry Ford angefangen, seine Autos am Fließband zu bauen, was auf der einen Seite zu Kostensenkungen und höherer Effizienz geführt hat, andererseits aber auch zu Depersonalisierung und viel Unzufriedenheit (und in der Folge zu Filmen wie Charlie Chaplins »Modern Times«). Trotzdem hat sich dieser Weg durchgesetzt, und Fließbänder – und damit auch definierte Prozesse – fanden sich bald überall. Irgendwann, als das Unglück darüber auf der einen Seite zu groß wurde und die Effi-

zienz auf der anderen Seite zu gering erschien, kamen Mitarbeiter von Toyota® auf eine Idee: Was geschieht, wenn jeder der unmittelbar Beteiligten im Prozess einmal selbst sagen würde, wie es denn noch besser laufen könnte?

Diese Stelle ist leider in der Medizin noch etwas unterentwickelt. Ein Vorschlagswesen findet sich in vielen Branchen deutlich ausgeprägter als in der Medizin, und ein OP mit Mitspracherecht gleicht für viele immer noch anarchistischen Zuständen. Aber zurück zu den Toyota®-Mitarbeitern, denen das krankenhaustypische Hierarchiedenken unbekannt war. Daher wurde die Idee des »Kaizens« geboren, deutsch: »Kontinuierlicher Verbesserungsprozess« (KVP).

### KVP und Six-Sigma – was hat das mit Medizin zu tun?

**KVP.** Die Idee ist folgende: Ein Prozess wird von allen Beteiligten einer permanenten Überprüfung unterzogen und somit ständig verbessert. Falls also im OP jemand bemerken würde, dass es aufhält, bei jeder OP mit Operateur A auf diesen zu warten, weil er entweder durch zu späte Information oder eigene Unorganisiertheit regelhaft zu spät kommt, so läge die Verbesserung darin, einen Zeitpunkt zu vereinbaren, an dem Operateur A spätestens gerufen werden muss, und ihn bei selbstverschuldeter Unpünktlichkeit entsprechend zu sanktionieren.

In der klassischen Produktion wäre ein vergleichbares Beispiel, dass ein Fließbandarbeiter bemerkt, dass er sich ständig umdrehen muss, um das nächste erforderliche Teil zu greifen und sich damit Rückenschmerzen und fünf Sekunden Zeitverlust pro Vorgang einhandelt. Also warum nicht das Teil anders und besser positionieren und Rückenschmerzen und Zeit einsparen?

Diese Überprüfung der Abläufe am Arbeitsplatz hört nie auf, sonst wäre sie ja ent-

**◘ Tab. 3.2** Fehlerwahrscheinlichkeiten bei verschiedenen Sigma-Levels

| Sigma-Level | Fehlerquote | Defekte je 1 Mio. Durchläufe |
|---|---|---|
| 1 | 69% | 691.462 |
| 2 | 31% | 308.538 |
| 3 | 6,7% | 66.807 |
| 4 | 0,62% | 6.210 |
| 5 | 0,023% | 233 |
| 6 | 0,00034% | 3,4 |

sprechend auch nicht als »kontinuierlich« zu bezeichnen. Aus diesem Grund wird die Methodik bei KVP auch als so genannter PDCA-Zyklus dargestellt. Die einzelnen Buchstaben stehen dabei für Plan-Do-Check-Act, und der Zyklus bezeichnet die Abfolge bei den zu verbessernden Abläufen. Nach dem »Act« folgt in der Kreisform also direkt das nächste »Plan«.

**Six-Sigma.** Ein anderes System zur Prozessoptimierung, Six-Sigma, konkurriert nicht mit dem oben erwähnten, sondern ergänzt es eher. Wie KVP ist es sehr bekannt, es wurde in den 80er Jahren von Motorola® erfunden und von Jack Welch (weltweit einer der bekanntesten und legendärsten Manager!) bei General Electronics® zu Weltbekanntheit geführt. Hier ist der Ansatz ein anderer: Der Verbesserungsprozess ist primär kein kontinuierlicher, sondern im Rahmen von Projekten zeitlich begrenzt und statistisch messbar.

Auf den OP bezogen, hieße das etwa: Das Einschleusen von Patienten wird in einem Six-Sigma-Projekt optimiert – mit dem Ziel, dass es keine Verspätungen und Komplikationen mehr gibt. Zur Erinnerung: Beim Kaizen/KVP wäre das Ziel, einen Ablauf mit weniger Verspätun-

gen zu erreichen. Die Verbesserung ist bei Six-Sigma nicht nur gewünscht, sondern wird auch objektiv und mathematisch gemessen. Das Stichwort heißt hier »Null-Fehler-Toleranz«, der Begriff »Six-Sigma« leitet sich ab von der Bezeichnung für die Standardabweichung in der Statistik.

Ein »Level 6« von Six-Sigma bedeutet beispielsweise, dass auf 1 Mio. produzierte Teile oder absolvierte Flüge oder durchgeführte Operationen nur 3,4 gravierende Fehler kämen und damit quasi eine Fehlerfreiheit erreicht wäre (◘ Tab. 3.2).

**Beispiel**

Nicht auszudenken wäre eine hohe Fehlerwahrscheinlichkeit in der kommerziellen Luftfahrt. Hier muss mit einer Null-Fehler-Toleranz gearbeitet werden, damit sich noch Freiwillige finden, die Flugzeuge besteigen und dafür nicht Geld verlangen, sondern sogar zahlen. Und in der Tat ist die Fliegerei in puncto Fehlermanagement der Medizin deutlich voraus.

▼

Bei einem Fehlerniveau von 4 Sigma kommt es in der Autoindustrie zu beinahe zwei Garantiefällen je Neuwagen, bei Erreichen von 6 Sigma gibt es unter 1.000 Neuwagen lediglich einen Garantiefall. Ein Sigma von 4 in der Luftfahrt steht für eine gefährliche Landung auf Großflughäfen weltweit pro Tag, bei 6 Sigma gäbe es eine solche gefährliche Notlandung alle fünf Jahre.

Beide Verfahren unterscheiden sich deutlich im Weg, nicht aber im Ziel. Zur vertiefenden Lektüre sei daher jeweils eine tiefer gehende Einführung empfohlen. Für uns ist der wesentliche Punkt: Wo findet man Six-Sigma oder Kaizen bisher kaum? Richtig, in Krankenhäusern bzw. im OP.

Es wird aber geschätzt, dass jährlich etwa 17.000 Behandlungsfehler, also 1% der stationären Behandlungsfälle, derzeit zum Tod von Patienten führen. Das wird toleriert, denn eine OP ist ja kein festgelegter Produktionsprozess, und kein Patient ist wie der andere. Richtig? Nein, in unseren Augen ist das nicht richtig. Jeder Fehler ist einer zu viel, und jeder vermeidbare erst recht. Man kann in der Medizin vielleicht nur mit mehr Aufwand als in der Automobilproduktion Fehler ausmerzen, aber möglich ist es schon. Die Bemühung, durch Standardisierung Fehler zu vermeiden, ist in anderen Branchen erheblich weiter fortgeschritten als in der Medizin, obwohl die Folgen in der Medizin erheblich schwerer wiegen. Letztlich ist aber auch das BWL: Über Standardisierung Kosten sparen und Qualität steigern. Das klassische Argument »Medizin ist aber anders« hat ausgedient! Warum ist sie denn anders? Luftfahrt ist doch auch »anders«, die Autobranche auch. Jede Branche hat ihre Eigenarten, und keine davon rechtfertigt, Maßnahmen zur Fehlerminimierung abzulehnen.

Immerhin gibt es erste Ansätze, anonym aus den Fehlern anderer zu lernen. So werden in immer mehr Krankenhäusern »CIRS« (Critical Incident Reporting Systems), also Fehlerberichtssysteme eingeführt – ein Instrument aus der Luftfahrt, das es erlaubt, Fehler und Beinahe-Fehler anonym und ohne Sanktionierung zu hinterlegen, damit andere nicht erst aus eigener Erfahrung lernen müssen, sondern fremde nutzen können. Ein anderes System ist hauptsächlich für Hausärzte eingerichtet und online einsehbar. Interessant ist dort aber in jedem Fall ein berichteter »Fehler der Woche«:

**Beispiel**

Zu einer Patienten muss zweimal der Notdienst kommen, weil beim ersten Besuch versehentlich ein falsches Medikament aus einer zum Verwechseln ähnlichen Ampulle gespritzt wurde. Löblich, dass dieser Fehler berichtet und publiziert wurde, erstaunlich aber, dass beschrieben wurde, wie vom zweiten Arzt die falsche Ampulle aus dem Papierkorb entnommen und versteckt wurde, um den ersten Kollegen nicht zu belasten.

Der Umgang mit Fehlern in der Medizin, auch gegenüber dem Patienten, ist also sicherlich noch ausbaufähig. Ein umfangreiches Fehlermeldesystem der amerikanischen Luftfahrt findet sich zum Vergleich unter: http://asrs.arc.nasa.gov/.

Ein anderes Beispiel:

**Beispiel**

Die Bahn mag viel gescholten sein, aber schaffen Sie es in der Klinik, so viele ankom-
▼

mende Patienten in einem OP logistisch so zu organisieren, wie die Bahn Züge in einem Großbahnhof? Um Ihnen jetzt keine Steilvorlage zu liefern: Bahnstreiks zählen nicht! Was, wenn ein Zug, auf den drei andere warten, zehn Minuten Verspätung hat?

Was wir ausdrücken wollen: Es steckt oft viel mehr an Methodik und Konsequenzen hinter einem Prozess, als man auf den ersten Blick denkt.

Wenn man jetzt noch einen Schritt weiter geht, kommt man zu spannenden Ergebnissen: Der bestellte und erwartete Patient ist zur Hüft-OP mit Implantation einer Prothese da. Wo lagert die denn? Was kostet die denn? Dazu ein Beispiel:

### Beispiel

Viele Leser haben sich schon über Restaurantpreise gewundert – um nicht zu sagen: geärgert –, weil man daheim ein hochwertiges Filetsteak viel günstiger und dabei genauso lecker wie die Köche im Steakhaus braten kann. Was wir nicht betrachten: Daheim wissen wir, dass wir Steak essen wollen, und kaufen es idealerweise direkt vor dem Braten. Kann ein Restaurant das? Wissen die, wer abends kommt und wer was bestellt? Gewisse Erfahrungswerte gibt es bestimmt, aber wenn doch ständig Kunden ob des mangelnden Steaks vertröstet werden müssen, ist das ein Garant, die Kunden nie wiederzusehen. Lagern kostet aber Geld: das Steak, das man gegebenenfalls wegwerfen muss, weil es doch keiner bestellt; die Stromkosten für die Kühlung; die anteiligen Kosten für den Kühlschrank; die anteiligen

▼

Kosten für die Miete des Restaurants; den Platz, den das Steak einnimmt; die Zeit und das Geld, das Steak erst einmal einzukaufen; die Putzfrau, die den Kühlschrank säubert; die Personalkosten für das Einpacken und Beschriften; die Plastiktüte, in der es gelagert wird; der Koch, der es brät; das Gas für den Herd; der Herd, die Pfanne, das Spülmittel für hinterher; die Geschirrspülmaschine; die Kellner, die es servieren, und und und ... Einiges davon sind übrigens dann umgelegte Gemeinkosten, wie wir oben gelernt haben.

Wenn wir noch einen Schritt weitergehen, können wir auch die Kosten betrachten, die dadurch entstehen, dass man statt des Steaks im Beispiel etwas Gewinnbringenderes hätte verkaufen können, die so genannten Opportunitätskosten. Nicht zu vergessen: Das Restaurant im Beispiel tritt in Vorleistung und kauft etwas, obwohl vielleicht dringendere Ausgaben getätigt werden müssten. Wie oft haben Sie denn schon Geld investiert, mit der Aussicht, es nie wiederzusehen, und mit der Maßgabe, dass Sie von dieser Investition leben müssen? Das Restaurant macht eben dies! Kurz, wenn man davon leben muss, fallen einem eine Menge Kosten ein, die zu betrachten sind, und der Blickwinkel auf den Preisaufschlag des Restaurant-Steaks gegenüber jenem aus der Heimzubereitung ändert sich stark. Daher arbeiten niedergelassene Mediziner oft kostenbewusster als solche, die ohne eigenes finanzielles Risiko in der Klinik angestellt sind.

Wie handhabt denn Ihr Krankenhaus die Lagerung von Hüftprothesen, die gegebenenfalls bei dem nächsten Notfall gebraucht werden? Liegen 100 Stück bezahlt auf Lager? Für den planbaren Bedarf haben Wirtschaftsunternehmen in anderen Branchen eine kluge

Lösung gefunden, die auch immer mehr Krankenhäuser anwenden: das so genannte Just-in-time-Konzept. Warum zahlen für etwas, was ich akut gar nicht brauche? Im Automobilbau werden immense Lagerhaltungskosten damit umgangen, dass etwas erst dann geliefert wird, wenn man es auch benötigt.

# Unternehmensführung

4.1 · Aufbau und Organisation – wer ist wessen Boss, oder geht es anders?

45    **4**

## 4.1 Aufbau und Organisation – wer ist wessen Boss, oder geht es anders?

»When two men in business always agree, one of them is unnecessary.«
(William Wrigley Jr.)

Auf den ersten Blick wirken Krankenhäuser insbesondere von ihrer Struktur meist ähnlich: Es gibt eine Führungsebene, die sich häufig aus dem ärztlichen, dem kaufmännischen und dem pflegerischen Direktor zusammensetzt. Dann gibt es verschiedene Bereiche wie Personal, Technik, Medizin, die dann abermals einzeln aufgeteilt sind. Wer welche Position auf dem Papier und abweichend in der Realität hat, sei noch dahingestellt.

Ist das wirklich so? Wir werden in diesem Kapitel einen Blick hinter die Kulissen werfen und anhand grundlegender Organisationsformen versuchen, den Aufbau eines Unternehmens zu erläutern, egal, ob es sich um ein Krankenhaus oder eine Bäckerei handelt.

Obwohl der Begriff der Organisationsformen nicht sonderlich »sexy« klingt, ist er doch spannend, da die Organisationsform auch immer etwas über die Hierarchie und damit die Geschwindigkeit einzelner Entscheidungen aussagt und so zumindest grob zur Beurteilung eines Unternehmens dienen kann.

Grundsätzlich gilt bei der Organisation eines Betriebes natürlich wie überall das ökonomische Prinzip: Die Organisation sollte immer so aussehen, dass das Verhältnis von Aufwand und Ertrag günstig ist. Wie man dieses Ziel erreicht, hängt – stark vereinfacht gesagt – von drei Faktoren ab:

- der Aufbauorganisation,
- der Ablauforganisation,
- den Management-Techniken.

Diese Dreiteilung beschreibt den klassischen Aufbau, wie er in den meisten Büchern zu finden ist. Wir weichen aus mehreren Gründen etwas davon ab: Zum einen versuchen wir uns kurz zu fassen, zum anderen haben wir einen Teil der Ablauforganisation, die Produktionsgrundsätze, bereits im vorigen Kapitel erläutert. In diesem Kapitel werden daher als logische Folge zunächst die wichtigsten Formen der Aufbauorganisation beschrieben, zu den Management-Techniken kommen wir dann im nächsten Abschnitt.

Aber nun zum Thema: Der Hierarchiegrad, damit hatten wir Sie gerade versucht zu locken, hängt mit der Organisationsform zusammen. Warum ist das so? Eine Bäckerei und Konditorei mit einem Meister und zehn Mitarbeitern zeigt das Problem auf (◘ Abb. 4.1).

Der Meister und Inhaber kann bei einer Größe von zehn Mitarbeitern seinen Betrieb durchaus im Blick behalten und leiten, jeder Mitarbeiter kann sich direkt an ihn wenden und vermuten, dass der Bäckermeister trotzdem die Übersicht behält. Wenn der Betrieb nun aufgrund seiner ausgezeichneten Brötchen wächst und gedeiht und einige Jahre später nicht mehr zehn, sondern rund 100 angestellte Mitarbeiter beschäftigt, ist es wahrscheinlich für den fleißigsten Inhaber nicht mehr möglich, sich um alle gleichermaßen zu kümmern. Was wird die logische Folge sein?

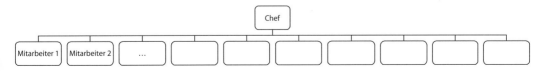

◘ **Abb. 4.1** Eine Konditorei mit einem Chef und zehn Mitarbeitern

Eine Möglichkeit wäre, einen gleichberechtigten Mitinhaber als zweiten Chef hinzuzunehmen, aber dann hätte jeder immer noch 50 Mitarbeiter zu betreuen. Zehn Chefs für die Bäckerei wären auch eine unwahrscheinliche Lösung, obwohl dieses System in Form von Partnerschaften durchaus praktiziert wird, z. B. bei großen Anwaltskanzleien.

Der ursprüngliche Inhaber wird aber vermutlich die Leitung des Betriebes behalten wollen, da es ja sein »Kind« ist und er dann auch weniger von dem Gewinn abgeben muss und sich darüber hinaus mit niemandem abstimmen muss. Es bleibt ihm also als Möglichkeit, eine weitere Hierarchieebene einzuführen und einen Mitarbeiter für den Konditoreibereich für diesen zuständig zu machen, einen weiteren für den Bäckereibetrieb und einen Verantwortlichen für das Café zu ernennen, das der Bäckerei angeschlossen ist. Die drei Verantwortlichen sind untereinander gleichgestellt und unterstehen nur dem ursprünglichen Chef.

Nun hat jeder der Verantwortlichen im Schnitt rund 30 Mitarbeiter zu betreuen, was in diesem Beispiel vielleicht noch zumutbar wäre. Der Chef bleibt Chef und muss sich in erster Linie nur noch um seine drei Stellvertreter kümmern (◘ Abb. 4.2).

Was passiert aber, wenn ein Mitarbeiter kurzfristig einen Tag Sonderurlaub benötigt? Je nach Befugnis des Verantwortlichen wird zuerst dieser gefragt, muss sich dann aber eventuell noch die Genehmigung des Chefs holen, den Sonderurlaub gewähren zu dürfen.

Der Effekt ist: Durch jede weitere Hierarchiestufe wird es formal komplizierter, die Wege werden länger, und jede Entscheidung verzögert sich. Generell gilt: Je weniger Personalverantwortung ein Einzelner übernimmt, desto mehr Hierarchiestufen sind bei einer gegebenen Anzahl von Mitarbeitern erforderlich.

Rechnerisch kann man es auch betrachten: Ein Verantwortlicher auf hundert Mitarbeiter ergibt eine Hierarchiestufe, bei einem Verhältnis von 1 : 10 sind es dann schon drei Stufen, bei 1 : 5 sechs Stufen usw.

Wie bereits beschrieben, hängt es nicht nur am Management, wie mit der Verantwortung und Freiheit des Einzelnen umgegangen wird, sondern auch an der zugrunde liegenden Organisationsform, die im Idealfall auch klare Verantwortlichkeiten definiert. Auf ein durchschnittliches Krankenhaus bezogen, gibt es im letzten Punkt schon immense Unterschiede, schon größenbedingt.

---

**Exkurs**

Ein kleiner thematischer Ausflug: Ein weiterer Faktor, der Hierarchiestufen beschreibt, wurde im Rahmen des nach einem Herrn Parkinson benannten Gesetzes (nein, nicht der von der Krankheit) definiert. Herr Parkinson hatte nämlich bei einer Behörde beobachtet, dass jede Aufgabe genau die Zeit in Anspruch nimmt, die zur Verrichtung zur Verfügung steht. Wenn Sie seine Beobachtung auf ein Krankenhaus übertragen, also an einem normalen Arbeitstag z. B. eigentlich nur eine Visite zu machen haben, wird

▼

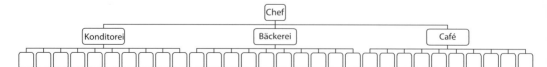

◘ **Abb. 4.2** Eine Konditorei mit einem Chef, drei Verantwortlichen und – schematisch dargestellt – je zehn Mitarbeitern

diese acht Stunden dauern; wenn sie eine Visite und eine Untersuchung zu erledigen haben, wird beides zusammen acht Stunden dauern.

Die zweite Beobachtung von Herrn Parkinson war, dass jeder Beamte naturgemäß die Zahl seiner Untergebenen zu vervielfältigen trachtet, da er ja mit seiner Arbeit immer ausgefüllt ist, ja die Zeit noch nicht einmal ausreicht und er obendrein eine Beförderung anstrebt. Da gesetzmäßig auch die Mitglieder einer neuen Hierarchiestufe niemals unterfordert sein können, folgen weitere Untergebene dieser Stufe – und so setzt sich dieses Spiel fort. Je mehr Hierarchien resultieren, desto höher ist natürlich der Aufwand, sich mit sich selbst zu beschäftigen, was im Teufelskreis dazu führt, das die Anzahl der Beschäftigten und der Hierarchiestufen sich völlig entkoppelt von den eigentlich zu bewältigenden Aufgaben entwickeln. Inwieweit das jetzt tatsächlich auf Krankenhäuser und die freie Wirtschaft zutrifft, mag der Leser selbst beurteilen. Manchmal kann man den Eindruck gewinnen, dass es ein ziemlich zutreffendes Gesetz ist.

Aber zurück zum Thema. Welche Organisationsformen gibt es denn in der Theorie? Prinzipiell kann man zwei Formen unterscheiden und aus beiden noch eine Mischform machen.

Die **funktionale Organisationsform** folgt der Unterteilung in aufgabenbezogene Strukturen, die Abteilung »Einkauf« ist hier also für den gesamten Einkauf der oben beschriebenen Bäckerei zuständig. Dies hat den Nachteil, dass der arme Einkäufer eventuell mit den Anforderungen von Bäckerei, Konditorei und Cafe überfordert ist, aber den Vorteil, dass nur ein Einkäufer Mehl bestellt. Im Krankenhaus ist es genauso: Wenn man Handschuhe für die gesamte Klinik bestellt, wird vermutlich ein höherer Rabatt gewährt, als wenn jede Abteilung einzeln bestellen würde.

Die funktionale Organisation wird im Allgemeinen als die häufigste beschrieben, und auch im einzelnen Krankenhaus trifft man diese Elemente häufig an (◻ Abb. 4.3).

Eine **divisionale Organisation oder Spartenorganisation** hingegen ist nach Tätigkeitsbereichen gegliedert. Der Unternehmensführung untersteht im obigen Beispiel der Bereich »Konditorei«, diese verantwortet dann ihren eigenen Einkauf. Im Krankenhaus heißt das: Der Einkäufer der Kardiologie bestellt eigene Handschuhe, weiß aber dafür, welche Handschuhe sich für Koronarangiografien als die besten erwiesen haben, und ist somit näher am Geschehen. Vermutlich werden die Handschuhe aber wegen der kleineren Bestellung teuer sein und der Aufwand in der Klinik insgesamt höher, da sich bei 20 Abteilungen auch 20 Leute mit dem Kauf von Handschuhen beschäftigen. Diese Form der Organisation ist für größere Einheiten geeignet (◻ Abb. 4.4).

In der Mischform, der **Matrixorganisation**, werden beide Möglichkeiten dahingehend kombiniert, als dass es zwar den funktionalen Bereich »Einkauf« gibt, dieser sich aber

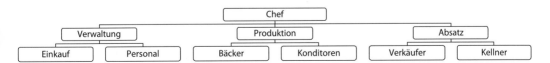

◻ **Abb. 4.3** Die funktionale Organisation

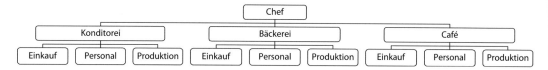

■ **Abb. 4.4** Die Spartenorganisation

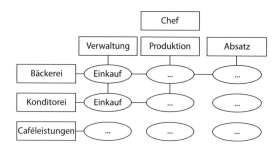

■ **Abb. 4.5** Die Matrixorganisation

intern abteilungsbezogen aufteilt, so dass die Kardiologie weiter ihren Ansprechpartner für Bestellungen hat, die Einkäufer sich trotzdem miteinander abstimmen und nur einer Leitung unterstehen. Obwohl es in diesem Beispiel vielleicht so erscheint, ist eine Matrixorganisation natürlich nicht immer automatisch die günstigste (■ Abb. 4.5).

Damit es nicht zu einfach wird, kann man Organisationen darüber hinaus auch nach **Einlinien**- und **Mehrliniensystemen** unterscheiden. Im Einliniensystem nimmt jede Stelle Anweisungen von genau einer übergeordneten Stelle entgegen, im Mehrliniensystem von mehreren. Ein Assistenzarzt einer kleinen Abteilung mit nur einem Oberarzt und einem Chefarzt folgt somit klaren Anweisungen in einem Einliniensystem. Ein Assistenzarzt in einem Bauchzentrum, das aus Viszeralchirurgie und Gastroenterologie entstanden ist, hat gegebenenfalls Anweisungen mehrerer übergeordneter Oberärzte mit wiederum jeweils unterschiedlichen Chefärzten zu beachten. Die Gefahr und damit der wesentliche Nachteil von Mehrliniensystemen liegen in den Kompetenzstreitigkeiten auf der Leitungsebene und den eventuell wider-

sprüchlichen Anweisungen für den Assistenzarzt. Im Falle des genannten Bauchzentrums könnte man diesem Problem aber eventuell mit internen Standards entgegenwirken.

Noch nicht beschrieben, dafür aber relativ häufig anzutreffen sind so genannte Stabsstellen. Diese stehen einer Instanz zur Verfügung, haben aber nach unten keine Weisungsbefugnis. Ein Beispiel hierfür ist eine Stelle »Unternehmensentwicklung«, die mittlerweile auch in Krankenhäusern anzutreffen ist. Sie steht der Unternehmensleitung zur Seite (bzw. ist ihr direkt unterstellt), verantwortet aber keine eigene Linie.

Ein neues Modewort in der Medizin lautet »Zentrumsbildung«. Das hat aber auch nicht ein Krankenhausmanager erfunden, sondern es ist der klassischen Betriebswirtschaftslehre entnommen. Zu unterscheiden sind:

- **Cost-Center:** Hier hat ein Zentrum Kostenverantwortung, im Unterschied zum klassischen Abteilungsbudget im Krankenhaus werden aber alle (!) zugehörigen Kosten zugeordnet.
- **Profit-Center:** Im Zusammenhang mit Krankenhäusern oft genannt, was aber eigentlich verwunderlich ist, da ein Profit-Center immer eine (oft eben nicht etablierte) innerbetriebliche Leistungsverrechnung voraussetzt: Wie soll die Radiologie Profit machen, wenn die Chirurgie für die Röntgenaufnahme nichts zahlt? Ein Profit-Center hat folglich Gewinnverantwortung.
- **Investment-Center:** Hier geht es noch einen Schritt weiter. Das Zentrum hat nicht nur Gewinnverantwortung, sondern darüber hinaus auch die Möglichkeit, frei über die

4.2 · Management – ist der »Saal der fliegenden Messer« noch zeitgemäß?

49        **4**

Verwendung dieser Gewinne zu entscheiden. Diese Form ist innerhalb eines Krankenhauses weniger relevant, sondern meist bei eigenständigen Tochterfirmen zu finden.

- **Service-Center:** Obwohl die drei vorgenannten die »klassischen« Centerstrukturen abbilden, wird ein Service-Center auch gelegentlich genannt. Und hier ist die Radiologie ganz passend: Ein Service-Center hat in der Regel keine eigenen Erträge von Kunden oder Patienten zu erwarten, sondern fristet sein Dasein als (interner) Dienstleister und wird über die schon erwähnte innerbetriebliche Leistungsverrechnung unterhalten.

Noch einmal zum realen Leben: Wenn Sie sich das Organigramm Ihrer Klinik ansehen, werden Sie feststellen, dass Sie selten eine Reinform nur einer Organisationsstruktur vorfinden. Einige Systeme sind historisch gewachsen, viele dafür aber auch mittlerweile im Umbruch: Wo früher klassische Liniensysteme einzelner medizinischer Abteilungen standen, werden diese nun in Zentren organisiert. Teilweise werden mehrere Zentren, z. B. alle Zentren für operative Medizin, zusammengefasst und von einem Management-Team aus kaufmännischer, medizinischer und pflegerischer Leitung gesteuert. Es gibt hier kein Schwarz und kein Weiß, sondern nur die für die jeweiligen Belange günstigste Organisationsform, wenngleich jede ihre spezifischen Vor- und Nachteile hat, die sich aus der Struktur ergeben. Fast mehr als durch die Organisation bestimmt sich aber der Stil eines Unternehmens durch die Art der Führung, womit wir auch schon beim nächsten Abschnitt wären.

## 4.2 Management – ist der »Saal der fliegenden Messer« noch zeitgemäß?

»Wenn Sie in Ihrem Garten einen Apfelbaum haben und hängen nun an denselben einen Zettel, auf den Sie schreiben: dies ist ein Feigenbaum, ist denn dadurch der Baum zum Feigenbaum geworden? Nein, und wenn Sie Ihr ganzes Hausgesinde, ja alle Einwohner des Landes herum versammelten und laut und feierlich beschwören ließen: dies ist ein Feigenbaum – der Baum bleibt, was er war, und im nächsten Jahr, da wird sich's zeigen, da wird er Äpfel tragen und keine Feigen. ( ) Was auf das Blatt Papier geschrieben wird, ist ganz gleichgültig, wenn es der realen Lage der Dinge, den tatsächlichen Machtverhältnissen widerspricht.« (Ferdinand Lassalle)

»Rudeness is the weak man's imitation of strength.« (Eric Hoffer)

In diesem Abschnitt wollen wir grundsätzlich beleuchten, was bzw. wer Management überhaupt ist, welche grundlegenden Erkenntnisse und Möglichkeiten dahinter stehen und welche Management-Techniken es gibt. Im vorigen Abschnitt hatten wir ja erläutert, dass die Zahl der Führungsebenen zum einen von der Gesamtzahl der Beschäftigten eines Unternehmens, zum anderen aber auch von der Organisationsform abhängt. Nun ist Papier geduldig, und das beste, schönste und eindeutigste Organigramm nützt nichts, wenn es nicht mit Leben gefüllt wird. Vielfach wird das von »denen da oben« erwartet, vielfach erwarten »die da oben« es auch von »denen da unten«. Aber wer steht denn in Zeiten, in denen der Pförtner einen Titel wie »Gateway Manager« trägt, überhaupt wo im Gefüge, und wovon hängt ein erfolgreiches Management ab?

Management (für die lateinerprobten Mediziner: von lat. »manum agere« = »an der Hand führen«) kann auf der einen Seite als Institution gesehen werden, »das Management« wäre als leitende Instanz also der Personenkreis, der Entscheidungs- und Anordnungskompetenz hat. Unterschieden werden traditionell Top-Management, Mittleres und Unteres Management – oder, wenn man so will, einfach drei Stufen, die sich im Aufgabenbereich voneinander unterscheiden. Im Krankenhaus wären Manager auf medizinischer Seite der Definition nach Chefärzte und die Oberärzte, die einen Teil der Klinik selbst verantworten. Da aber Fachärzte auch ohne oberärztliche Aufgaben zumindest medizinisch eigenständig agieren können, fällt hier die Definition der Zugehörigkeit schon schwerer. Wie viel Verantwortung man nun wirklich trägt, hängt von der Organisationsform des Krankenhauses und den über- und untergeordneten Hierarchieebenen ab. Im medizinischen Sinne wird die Erklärung von Entscheidungskompetenz und Verantwortung generell schwierig, da der Arzt einen freien Beruf ausübt und sich letztlich nicht von etwas anderem als seinem medizinischen Verstand leiten lassen sollte. So verzeichnet z. B. die Berufsordnung der Ärztekammer Nordrhein:

> »§ 2 Allgemeine ärztliche Berufspflichten
> ( ) (4) Ärztinnen und Ärzte dürfen hinsichtlich ihrer ärztlichen Entscheidungen keine Weisungen von Nichtärzten entgegennehmen.«

Auf der anderen Seite ist es natürlich unrealistisch, als Arzt auf einer Berufsvorstellung in dem Sinne zu beharren, dass jegliche wirtschaftliche Verantwortung abgelehnt wird und sich immer dann, wenn es besonders gut passt, einfach auf die ethische Schiene berufen wird. Zur Erinnerung an die Ärzte, die sich bei dem obigen Zitat aus der Berufsordnung schon ge-

freut haben, sei noch ein Zitat aus dem SGB V erwähnt:

> »§ 12 Wirtschaftlichkeitsgebot: (1) Die Leistungen müssen ausreichend, zweckmäßig und wirtschaftlich sein; sie dürfen das Maß des Notwendigen nicht überschreiten. Leistungen, die nicht notwendig oder unwirtschaftlich sind, können Versicherte nicht beanspruchen, dürfen die Leistungserbringer nicht bewirken und die Krankenkassen nicht bewilligen.«

Die Sichtweise von Ärzten als Managern ist teilweise umstritten. Während Chefärzte im Verständnis der klassischen Organisation, also im direkten Vergleich mit Bäckereien und anderen Betrieben, durchaus als Abteilungsleiter verstanden werden können, hinderten sie in der Vergangenheit oft die ärztliche Berufsauffassung und auch das historische Rollenverständnis (um nicht den oft zitierten »Halbgott in Weiß« bemühen zu müssen) daran, diese Rolle auszufüllen. Aus monetärer Sicht wird die Rolle als Führungskraft dagegen allerdings schon immer eingefordert, und im gesamten Gehaltsgefüge liegen Chefarztgehälter in der Regel noch über denen des Klinikgeschäftsführers, was in der freien Wirtschaft Stirnrunzeln hervorrufen würde. Der Abteilungsleiter verdient also mehr als der Chef, in der Klinik mit dem häufigen (und hier plakativen) Argument, dass man ja eine bekannte Kapazität auf dem medizinischen Fachgebiet X beschäftigt. Zur Erinnerung und zum Vergleich: Der Bäcker backt wirklich hervorragende Brötchen, deshalb verdient er mehr als der Chef der Bäckerei? Dieses Prinzip ist vielleicht dadurch zu erklären, dass in der Vergangenheit, zu Zeiten des Selbstkostendeckungsprinzips, die kaufmännischen Herausforderungen eher gering waren. Mit der Entwicklung der kaufmännischen Herausforderungen wird auch die Entwicklung der kaufmännischen Gehälter spannend.

In Augen vieler hat der leitende Arzt einer Abteilung durchaus die Pflicht, Management-Verantwortung in vollem Ausmaß zu übernehmen. Wie diese aus wirtschaftlicher Sicht aussieht, mag von der einzelnen Konstellation abhängen, die personelle Führungsverantwortung gegenüber seinen nachgeordneten Ärzten bleibt davon unberührt und ist immer eine relevante Aufgabe. Hier zeigt sich, dass das Interesse an einem Gesamtunternehmen immer vom Ausmaß der Beteiligung abhängt. In der freien Wirtschaft gelten Unternehmensbeteiligungen (z. B. Aktienoptionen) als Garanten für das Interesse an dem großen Ganzen, während es in Krankenhäusern oft noch gelingt, sich nur für seine eigene Abteilung zu engagieren – und sei es auch auf Kosten anderer Abteilungen und des Gemeinwohls.

Management kann aber auch als Aufgabe bzw. Tätigkeit gesehen werden. Die Hauptaufgaben, die Management ausmachen, sind
- strategische Planung,
- Organisation,
- Führung.

Je nach Management-Stufe unterscheiden sich die Aufgaben dabei natürlich. Faustregel: Je höher die Management-Stufe, desto strategischer das Aufgabenspektrum – je niedriger die Management-Stufe, desto höher hingegen der Umsetzungsanteil, die operativen Tätigkeiten.

Die **strategische Planung** ersetzt dabei die Intuition und muss als Ergebnis definierte Ziele haben, die sich natürlich mit den Unternehmenszielen decken sollten. Statt sich z. B. auf ein neues Therapieverfahren zu stürzen, weil es aus irgendeinem Bauchgefühl heraus toll zu sein scheint, besteht ein planvolles Vorgehen aus folgenden Aspekten:
- Erwägung des Verfahrens im Rahmen einer Zielbildung,
- Erstellen einer Ist-Analyse mit Betrachtung interner und externer Faktoren, z. B. mithilfe einer SWOT-Analyse und Porter's Five Forces,
- Abwägen und Berechnen von Alternativen,
- definierte Zielsetzung mit einem klaren Umsetzungszeitpunkt.

Die Umsetzung dieser Planung (zumindest die Überwachung und Steuerung dieser) fällt natürlich ebenfalls noch mit in den Management-Prozess, soll hier aber nicht näher beleuchtet werden.

Die **Organisation** ist im vorigen Abschnitt schon besprochen worden. Generell obliegt es dem Top-Management, welche Organisationsform gewählt wird:
- Sollen im Krankenhaus Management-Teams eingesetzt werden?
- Sollen Centerstrukturen etabliert werden?
- Betreut ein Oberarzt eine feste Anzahl an Assistenten? Hat er definierte Aufgaben innerhalb der Abteilung?

Vereinfacht gesagt, handelt es sich bei der Organisation um das Aufstellen von Regeln, die entweder global oder im Einzelfall gelten.

Der interessanteste Teil aber ist sicherlich der Teil der **Führung** bzw. des **Führungsstils**. Über Führungsstile ist viel gesagt und geschrieben worden, und die Erkenntnis, dass Peitsche und Megafon nicht die am besten geeigneten Motivations- und Leistungssteigerungsinstrumente sind, ist vermutlich auch durchgedrungen. Teilweise sind noch Mediziner der alten Schule aktiv, bei denen ein kooperativer Führungsstil nicht ganz oben auf der Liste steht. Nicht ganz ohne Grund wird die Medizin teilweise als die letzte Bastion autokratischer Führung beschrieben. Vielleicht erschließt sich durch die Grundlagen und einige Beispiele, was »alles geht« und was davon auch bei Ihnen üblich ist.

Grundsätzlich sind zwei Dimensionen zu berücksichtigen:
- die Aufgabenorientierung,
- die Mitarbeiterorientierung.

Beide Dimensionen haben ein Herr Blake und eine Frau Mouton zu einer der allseits beliebten Matrixdarstellungen kombiniert und darin die wesentlichen Management-Verhaltensweisen eingetragen. Eigentlich einfach, aber man muss halt selbst darauf kommen (◘ Abb. 4.6).

Die Führungsstile lassen sich in dieser Matrix relativ einprägsam ablesen:

Die Koordinatenkombination 1,1 (»Laisser-faire«) zeichnet sich durch eine niedrige Mitarbeiter- und Leistungsorientierung aus. Sie lässt sich vielleicht bei jemandem finden, der insgesamt keine Bindung mehr zur eigenen Abteilung verspürt und der Rente entgegenfiebert (»Warum soll ich mich noch anstrengen …?«).

Eine ähnliche Situation bei Managern mit höherer Mitarbeiterorientierung findet sich im so genannten »Country-Club-Management« (1,9) wieder: Es herrscht ein netter Umgang miteinander, und irgendwie muss man ja die Arbeitszeit herumbekommen. In Krankenhäusern kommt diese Variante am ehesten in »netten Abteilungen« kleinerer Häuser vor. Alleine

die Leistungsorientierung ist hier eher gering ausgeprägt.

Wenn die Mitarbeiterorientierung gering ausgeprägt ist, der Leistungsdruck hingegen hoch, kommt man zwangsläufig zum klassischen, autoritären Führungsstil (»Galeere«, 9,1), der auch noch in Krankenhäusern anzutreffen ist, wenn auch zum Glück seltener werdend: »Ich dachte, Sie wollen Chirurg werden, ich musste damals auch zwölf Stunden am Tisch stehen, stellen Sie sich nicht so an …« Dieser Führungsstil gilt gemeinhin als überholt und macht allenfalls Sinn, wenn in kurzer Zeit als Ausnahme eine Akkordleistung geschafft werden muss. Als konstanter Führungsstil ist er der Mitarbeitermotivation und somit langfristig guten Ergebnissen hinderlich, wie man sich auch ohne tiefer gehendes Studium der Materie ausrechnen kann.

Als erstrebenswert gilt der Bereich oberhalb der mittleren Ausprägung beider Merkmale. Während die genaue Mitte (5,5) noch das Problem hat, eine Kompromisslösung darzustellen, ist die Maximalausprägung (9,9) das klassische Teamplay, was in der modernen Organisationslehre als Optimallösung anzustreben gilt.

Aber Vorsicht: Die Leser, die einen autoritären Stil gegenüber einem kooperativen gar

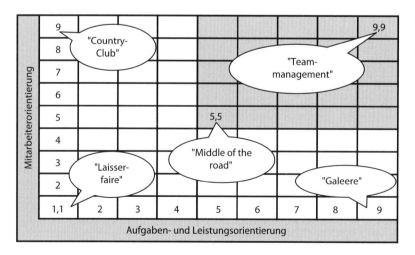

◘ **Abb. 4.6** Das Verhaltensgitter (»Managerial grid«) nach Blake und Mouton

**4.2** · Management – ist der »Saal der fliegenden Messer« noch zeitgemäß?

53

**4**

nicht so schlecht finden, haben auch Recht. Als Vorteil des autoritären Stils kann angeführt werden, dass er eine gewisse Standardisierung und Struktur bedingt und in manchen Situationen sicherlich angebracht ist: Im Schockraum kann es kein fröhliches Miteinander geben, sondern die Rollen müssen klar verteilt sein.

Nicht zu vergessen, dass nicht jeder Mitarbeiter auch einen ausgeprägten Freiraum wünscht, sondern vielleicht auch mit einer klaren Hierarchie besser zurechtkommt. Die Mitarbeiterorientierung sollte aber natürlich zumindest in Form eines respektvollen Umgangs miteinander immer erhalten bleiben.

Neben dem grundsätzlichen Führungsstil gibt es unzählige Management-Techniken, von denen einige durchaus etabliert sind, andere das Management-Treiben ironisch beschreiben und wieder andere sich fast wöchentlich neu dazu gesellen. Schauen Sie einmal in der Sachbuchabteilung einer größeren Buchhandlung, wie viele »XYZ-Strategien für Manager« und Management-Ratgeber es dort gibt!

Einige wichtige Management-Techniken, die Sie kennen sollten, sind:

**Management by objectives.** Das Führen per Zielvereinbarung ist das aktuell wahrscheinlich häufigste Instrument. Im Rahmen der geplanten Unternehmensziele fallen dem einzelnen Mitarbeiter Teilziele zu, die dieser innerhalb seiner eigenen Gestaltungsmöglichkeiten erreichen soll. Vorteile sind der persönliche Freiraum des Einzelnen und die Partizipation an den Unternehmenszielen (»einen wichtigen Baustein liefern«). Damit dieses Prinzip motivieren kann, müssen die festzulegenden Ziele eindeutig, zeitlich terminiert und realistisch erreichbar sein.

**Management by exception.** Hier wird nur in Ausnahmefällen eingegriffen, die normale Arbeitsroutine bleibt von aktivem Management unberührt. Bestehende Ziele sind natürlich Grundvoraussetzung, was auch die Schnittstelle zum Management by objectives ausmacht. Problem bei diesem Verfahren ist, dass eine eingriffswürdige Abweichung, die über den normalen Spielraum hinausgeht, nur schwer zu definieren ist. Vorteile sind dafür aber sowohl die Entlastung des Managements als auch der Spielraum des Einzelnen.

**Management by delegation.** Dieses Konzept beinhaltet die Streuung von Verantwortung nach unten. Ziel soll sein, dass jeder Mitarbeiter in seinem Bereich eigenverantwortlich arbeitet. Zielvorgaben bzw. Zielvereinbarungen müssen ebenfalls bestehen, um Ziele und Aufgaben delegieren zu können. Ein mögliches Problem liegt darin, dass dieses Modell möglicherweise davon abhält, über den Tellerrand zu blicken, sondern nur seine eigene Aufgabe zu betrachten.

**Management by walking around.** Nach unserem Empfinden ist das mehr ein Kommunikationswerkzeug als eine tatsächliche Management-Technik, wenngleich ein sehr positives: Die Führungskraft dreht »Runden« durch das Unternehmen, sucht die Mitarbeiter an ihrem Arbeitsplatz auf und redet dort mit ihnen. Die Kommunikation wird im Idealfall gesteigert, Hierarchien werden abgeflacht und Missverständnisse durch direkte Kommunikation im Ansatz vermieden.

Nun noch ein paar weniger ernst gemeinte Techniken, die Ihnen aber trotzdem bekannt vorkommen könnten:

**Management by Helikopter.** Von hoch oben hinunterstoßen, jede Menge Staub aufwirbeln und schnell wieder entschweben. Gerne bei Chefarztvisiten zu finden, wenn der Chefarzt ansonsten kein Management by walking around praktiziert.

**Management by Fallobst.** Wenn Entscheidungen reif sind, fallen sie irgendwann von selbst und geben dann immerhin Anlass zum Jammern, denn man selbst hätte es ja eigentlich anders gemacht.

**Management by Babysitter.** Man kümmert sich zuerst um denjenigen, der am lautesten schreit.

| ◘ **Tab. 4.1** Lohnnebenkosten in Deutschland (alle Werte gerundet) | |
|---|---|
| Gesetzliche Rentenversicherung | 20% |
| Krankenversicherung | 15,5% |
| Pflegeversicherung | 2% |
| Arbeitslosenversicherung | 3% |

## 4.3 Personalwirtschaft – wie viel Personal braucht man wirklich?

»Things could always be worse; for instance, you could be ugly and work in the Post Office.« (Adrienne E. Gusoff)

Viel Unzufriedenheit herrscht aber nicht nur über den jeweiligen Führungsstil, sondern auch über die (subjektiv fast immer zu dünne) Personaldecke. Natürlich hat man aus Sicht des Leistungserbringers immer zu wenig Personal (siehe Parkinsongesetz) und wirft denen, die immer dünnere Personaldecken zur Verfügung stellen, vor, doch gar keine Ahnung zu haben, wie es vor Ort wirklich aussieht. Auf der anderen Seite denken diejenigen, die das Personal planen und verantworten müssen, dass die Leistungserbringer vollkommen ineffizient planen und keine Ahnung haben, was das Personal für Kosten verursacht und warum es so wichtig ist, so effizient wie möglich zu arbeiten.

Wir wollen in diesem Kapitel gängige Möglichkeiten vorstellen, mit denen man den Personalbedarf objektiv bestimmen kann, und dafür sensibilisieren, welche finanziellen Auswirkungen ein Mitarbeiter mehr oder weniger hat.

Zunächst aber kurz zu einem gängigen Irrtum: Jeder Mitarbeiter kostet den Arbeitgeber das Bruttogehalt. Falsch! Zu dem Bruttogehalt kommen aus Sicht des Arbeitgebers noch die so genannten Lohnnebenkosten (die in Deutschland immer als zu hoch beklagt werden). Diese machen einen erheblichen Anteil aus und liegen in Deutschland derzeit bei rund 40% des Bruttolohnes (◘ Tab. 4.1).

Die in der Tabelle 4.1 angeführten Kosten teilen sich Arbeitgeber und Arbeitnehmer, d. h., bei Arbeitnehmern werden diese Kosten vom Bruttolohn abgezogen, der Arbeitgeber zahlt sie zusätzlich zum Bruttolohn. Hinzu kommen für den Arbeitgeber noch Beiträge zur Berufsgenossenschaft (Unfallversicherung), Umlagen für die Lohnfortzahlung im Krankheitsfall und Urlaubsentgelt als Entgeltfortzahlung während des Urlaubs.

Insgesamt macht das zusätzlich über 20% des Bruttolohns aus, die der Arbeitgeber zumindest bis zu den Beitragsbemessungsgrenzen, die von angestellten Ärzten trotz subjektiv empfundener Armut ja in der Regel überschritten werden, zusätzlich zu zahlen hat. Da der Personalkostenanteil in Krankenhäusern häufig bei 60–70% liegt, erklärt sich vielleicht, warum gerade dort ein Ansatz zum Sparen liegt.

Billigere Handschuhe, na gut, aber das daraus resultierende Einsparpotenzial ist ein Witz dagegen, dass man zwei Mitarbeiter besser auf einer anderen Position einsetzen kann, als sie da zu belassen, wo sie sind, und stattdessen zwei neue einzustellen – auch wenn es für die einzelnen Mitarbeiter zugegebenermaßen natürlich unbequem ist. Es erklärt auch den Trend, so viel wie möglich Aufgaben von Ärzten auf andere, günstigere Berufsgruppen zu verlagern. In jeder Arztpraxis nimmt die Arzthelferin Blut ab, in Krankenhäusern, wo Ärzte grob doppelt so viel kosten wie Pflegepersonal, nehmen sie hingegen routinemäßig Blut ab, schreiben Briefe selbst und verursachen dabei zahlreiche Überstunden, die aufgrund des Überstundenzuschlags dann sogar noch teurer sind. Billiger ist dieses Vorgehen tatsächlich auch nur dann, wenn man Ärzte diese Tätigkeiten verrichten lässt und sie obendrein »Flatrate« bezahlt, sprich, die Überstundenvergütung verweigert. Was ein Arzt in seiner »Freizeit« gratis macht, kostet ja immer noch weniger als das, was eine eigentlich vergleichsweise »günstige« Stationssekretärin vergütet bekommt. Ob das der Motivation der Mitarbeiter zuträglich ist, sei natürlich dahingestellt – ob alle Krankenhäuser finanziell so komfortabel ausgestattet sind, über neue Stellen frei zu entscheiden, allerdings auch.

Wie aber kann man bestimmen, wie viel Personal objektiv benötigt wird? Grundsätzlich muss man ein paar Vorberechnungen anstellen, denn rechnerisch ist eine Stelle (oder »VK«, also ein so genanntes Vollkraftäquivalent) nicht eine Stelle, sondern nur eine Stelle abzüglich Urlaub, Krankheit usw., wie die Tabelle 4.2 zeigt. Übrigens ist es nicht despektierlich gemeint, von VK zu sprechen, sondern bietet in diesem rechnerischen Zusammenhang einfach die Möglichkeit, alle Mitarbeiter, die auf halben, dreiviertel oder vollen Stellen arbeiten, einfach auf einen gemeinsamen Nenner zu bringen.

Eine VK arbeitet also netto deutlich weniger, als brutto auf dem Papier steht. Eine kurze Gegenrechnung: Um z. B. eine Stelle an zumindest allen 260 Werktagen (Wochenfeiertage sind hier nicht berücksichtigt) für acht Stunden täglich zu besetzen, braucht man alleine 1,24 VK, also rund ein Viertel mehr Mitarbeiter.

Deshalb ist es für den Arbeitgeber auch interessant, wie hoch die Ausfalltage sind, da diese eine Variable in der Brutto-Netto-Rechnung darstellen.

Um diese Erkenntnis auf einzelne Einsatzbereiche umsetzen zu können, gibt es im Krankenhausbereich etliche Methoden. Die drei populärsten stellen wir im Folgenden vor (eine wird eigentlich gerade erst populär).

## 4.3.1 Die Arbeitsplatzmethode

Sie hat als Voraussetzung, dass ein Arbeitsplatz ohnehin besetzt werden muss, beispielsweise der eines Nachtdienstes, der weniger von Arbeitsbelastung als von rechtlichen Vorgaben geprägt ist. Die Berechnung folgt hier dem Muster, an welchen Tagen wie viele Arbeitsplätze zu besetzen sind und wie viele VK man dazu nach obiger Musterberechnung benötigt.

**◨ Tab. 4.2** Die Berechnung von Netto-Arbeitsminuten je VK (= Vollkraftäquivalent) und Jahr

| | |
|---|---|
| Jahrestage | 365 |
| davon Wochenarbeitstage (365 minus 52 Wochenenden à 2 Tage) | 261 |
| abzüglich Urlaubstage | 30 |
| abzüglich sonstige Ausfalltage (Wochenfeiertage, Fortbildung, Krankheit) (pauschale Annahme) | 21 |
| = Gesamtarbeitstage | 210 |
| bei Stunden pro Tag (ohne Pause bei 40 h/Woche) | 8 |
| = Minuten je Tag (8 Std. à 60 min) | 480 |
| = Minuten pro Jahr und VK | 100.800 |

Natürlich braucht man aber bei entsprechender Belastung auch mehr als einen Nachtdienst, wie viele, würde sich dann belastungsbezogen errechnen können.

## 4.3.2 Die Kennzahlenmethode

Diese setzt eine Tätigkeit oder eine andere Kennzahl in Relation zu einer Arbeitskraft. Beispielsweise ist ein Ambulanzpfleger in der chirurgischen Ambulanz im Schnitt 30 Minuten mit jedem Patienten beschäftigt. Hier muss man jeweils definieren, welche Arbeiten man mit in diese Zeit einrechnet. Streng genommen gehören die Dokumentation, das Ablegen der Akte, das Aufräumen des Behandlungsraumes etc. mit dazu. Alternativ kann man eine Pauschale für patientenunabhängige Tätigkeiten veranschlagen und eine entsprechend verkürzte patientenbezogene Zeit oben aufsatteln.

Arbeitsplatzbedingt benötigt man für unsere Ambulanz (wenn sie nur wochentags besetzt wäre), um sie rund um die Uhr besetzen zu können: 260 Werktage à 3 Schichten (bei je 8 Stunden) à 1,24 VK = 3,72 VK. Wenn nun während der Frühdienstzeit im Jahr 20.000 Patienten kommen, dann benötigt man im Schnitt (ohne den wochentagsbedingten Unterschied) also zusätzlich Personal für 20.000 × 30 Min. Personalbindung = 600.000 Min. Diese verteilen sich bei einer durchschnittlichen Minutenzeit pro Jahr von (in obigem Beispiel) 100.800 Min. je VK auf 5,95 VK, die dann im Frühdienst tätig werden müssen.

Es ist generell schwierig, diese Zeiten und den resultierenden Bedarf unstrittig zu berechnen, da Minutenwerte – durch zahlreiche Faktoren bedingt – immer individuell unterschiedlich sind und Belastungen gerade im Krankenhaus nie gleichförmig über eine Zeitperiode verteilt auftreten.

Durchaus erwünscht ist aber ein Vergleich mit anderen: Nur weil in Krankenhaus A jeder Patientenkontakt in der Ambulanz 45 Minuten dauert, heißt das noch nicht, dass das auch ein allgemeingültiger Wert ist. Vielleicht dauert der Kontakt im Schnitt über andere Krankenhäuser bei gleicher oder besserer Qualität nur 20 Minuten? Benchmark-Werte, also der Vergleich mit dem jeweils »Klassenbesten«, sind also erforderlich – und die gibt es zum Glück auch aus verschiedenen Quellen: So ermitteln beispielsweise auf Personalbedarf spezialisierte Beratungsunternehmen erfahrungsabhängig Werte und veröffentlichen diese in Listenform. Und auch aus dem Bereich der ambulanten KV-Abrechnung gibt es Zeitwerte, die als durchschnittlich angesehen und für Plausibilitätsprüfungen verwendet werden.

Kennzahlen können darüber hinaus natürlich auch außerhalb von Minutenwerten angesetzt werden: Hier werden Untersuchungen je VK, stationäre Fälle je VK, Betten je VK und andere Anhaltswerte verwendet. Über die tatsächliche Validität der einzelnen Werte mag jeweils im Einzelfall entschieden werden.

## 4.3.3 Die Kostenmatrix bzw. das DRG-Verfahren

Dies stellt das dritte der angekündigten und systembedingt das neueste Verfahren dar. Wie schon bei den Grundbegriffen erwähnt, sind die Kosten je DRG nach Kostenarten und Kostenstellen auf eine jeweils einzelne DRG bezogen. Wenn man davon ausgeht, dass man im stationären Bereich nicht mehr Geld ausgeben sollte, als man auch einnimmt, kann man sein Budget dadurch berechnen, dass man alle DRGs bzw. alle zugehörigen Matrixwerte addiert und das so entstandene Gesamtbudget auf die Personalkosten umlegt. So erfährt man zwar nicht exakt, wie viel Personal man braucht, aber man erfährt, wie viel man sich prinzipiell leisten kann. Die Kostenmatrix ist als »Budgetbestimmung« nicht unumstritten: Da die Kostenwerte auf den Angaben der Kalkulationshäuser, also einer Stichprobe, beruhen, sind sie nicht zwingend repräsentativ.

Außerdem wird die organisatorische Verteilung zwischen verschiedenen Berufsgruppen nur unzureichend abgebildet. Dagegen lässt sich argumentieren, dass die Bezahlung nach DRGs nun einmal feststeht und das Budget unabhängig von der eigenen Organisation dadurch bedingt wird. Wenn es nicht passt, muss man halt die Organisation ändern, das Budget bleibt. (Die Kostenmatrix wird Ihnen übrigens später im Buch, im Abschnitt zu den Kennzahlen, noch einmal begegnen.)

Es gibt darüber hinaus noch andere Verfahren zur Personalbedarfsermittlung, die alle vorzustellen hier aber zu weit führen würde. Wichtig ist uns, dass die Personalkosten oft höher sind als gedacht, im Kostenmix einen hohen Anteil ausmachen und eine objektive Ermittlung des Bedarfs mit verschiedenen Methoden möglich ist.

# Rechnungswesen –
# rund um die Finanzen

»Lack of money is the root of all evil.«
(George Bernard Shaw)

## 5.1 Nicht nur im Krankenhaus interessant – eine Einführung

Jetzt kommen wir zu dem Teil des Buches, der Sie vermutlich, hätte man Sie vorher gefragt, am wenigsten interessiert. Was wir erreichen wollen, ist nicht, dass Sie nach der Lektüre die Bilanz Ihres Krankenhauses prüfen können, sondern dass Sie ein Verständnis dafür entwickeln, was die Aufgaben des Rechnungswesens sind, wo es einem begegnet und warum es zumindest in Grundzügen bekannt sein sollte. Wir haben dieses Kapitel in folgende Bereiche unterteilt:

− Internes Rechnungswesen,
− Externes Rechnungswesen,
− Kennzahlen und Jahresabschlussanalyse,
− Finanzierung und Investition.

Eine kurze »Warnung« vorab: Alle Bereiche sind recht zahlenlastig und weisen zudem noch thematische Überschneidungen.

Der Begriff »Rechnungswesen« wirkt zunächst sehr trocken und wenig greifbar. Gibt es in Ihrem Haus eine Abteilung »Rechnungswesen«? Vermutlich, allerdings ist der Begriff ein Oberbegriff unter dem man die Erfassung, die systematische Verarbeitung und die strukturierte Analyse der im Unternehmen entstandenen Geld- und Leistungsströme versteht. Überspitzt lässt sich behaupten, dass das beste Unternehmen nicht funktioniert, wenn man nicht seine Zahlen und Finanzen im Griff hat. Während es der klassische Einzelunternehmer oder Freiberufler es noch selbst schafft, einen Überblick über die Finanzen zu halten, sind Prozesse und Datenmengen sowie gesetzliche Anforderungen in einem größeren Unternehmen, wie beispielsweise in einem Krankenhaus,

derart hoch, dass sich ein Überblick nicht mehr nebenbei erlangen lässt.

Die klassische Unterteilung des Rechnungswesens in ein »Internes« und ein »Externes« Rechnungswesen resultiert aus den unterschiedlichen Adressaten der einzelnen Bereiche. Wie die Bezeichnung **Internes Rechnungswesen** bereits andeutet, sind die Adressaten im Unternehmen selbst zu finden. Ein möglicher Adressat könnte z. B. der Geschäftsführer sein. Im **Externen Rechnungswesen** sind die Adressaten nicht im Unternehmen zu finden, sondern außerhalb, beispielsweise Gläubiger, Gesellschafter (Aktionäre) oder das Finanzamt. Das Externe Rechnungswesen erfüllt daher oft gesetzliche Anforderungen zur Erstellung von Unternehmensdaten, wie der Jahresabschluss, der jährlich erstellt werden muss, sowie die notwendigen Unterlagen für das Finanzamt (◘ Abb. 5.1).

Es geht aber nicht nur um »langweilige« Gesetzesanforderungen: Die im Internen und Externen Rechnungswesen verwendeten Bezeichnungen für die unterschiedlichen Recheneinheiten werden auch im alltäglichen Leben oft verwendet. In der Betriebswirtschaftslehre werden diese Begrifflichkeiten streng unterschieden. Falls Sie noch nie verstanden haben, worin der Unterschied liegt: Im Rechnungswesen sind die Begriffspaare Ausgaben versus Einnahmen, Aufwand versus Erträge und Kosten versus Leistungen voneinander zu unterscheiden. Wir versuchen, die einzelnen Begriffe inhaltlich voneinander abzugrenzen, somit ein wenig Klarheit zu schaffen, und fangen mit den einfachen Einnahmen und Ausgaben an.

Eine Einnahme bezeichnet zunächst einmal den Zugang von Geld. Klassischerweise kann dies durch eine Einzahlung geschehen, z. B. durch den Barverkauf eines Brötchens beim Bäcker. Allerdings muss eine Einnahme nicht immer eine Einzahlung sein. Der Betriebswirt spricht hier gerne kryptisch von »kurzfristi-

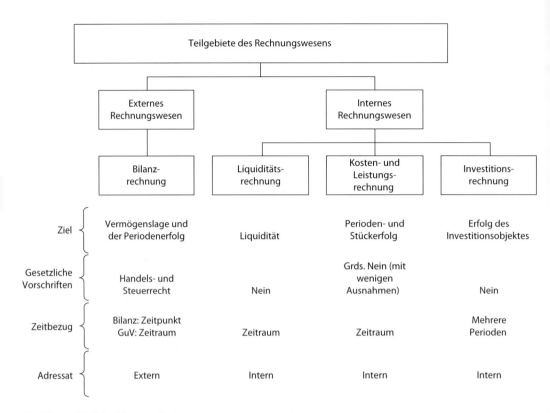

**⊡ Abb. 5.1** Die Teilgebiete des Rechnungswesens

gen Forderungen«, was lediglich bedeutet, dass man Güter oder Dienstleistungen veräußert hat und der Empfänger den entsprechenden Betrag schuldet.

Denken wir an die stationäre Behandlung eines Patienten, die zu einer Einnahme in Höhe der Vergütung der entsprechenden DRG führt. Hier ist es erst einmal gleichgültig, ob hypothetisch jemand von der Krankenkasse des Patienten persönlich vorbeikommt und den geschuldeten Betrag bar mitbringt oder auf welche andere Weise abgerechnet wird: Es ist eine kurzfristige Forderung gegenüber der Krankenkasse entstanden, die
▼

daher zu den Einnahmen gerechnet wird. Der Bestand an liquiden Mitteln, nämlich an Geld, erhöht sich erst einmal nicht, so dass Sie selbst mit der entstandenen Forderung keine Brötchen kaufen können.

Solcherart entstandene Forderungen kann man auch an andere abtreten, was im Krankenhausbereich auch zunehmend geschieht. Man nennt das »Factoring«, und es folgt dem Prinzip des Spatzen in der Hand: Ausstehende Forderungen von 100 € kann man z. B. an jemanden abtreten, der Ihnen dafür sofort 95 € zahlt. Vorteil für Sie: 95 € sind besser als nichts, wenn der Schuldner nur ungewiss zahlt. Vorteil für den Übernehmenden: Mit der Chance, die gesamten 100 € zu bekommen, hat man letztlich

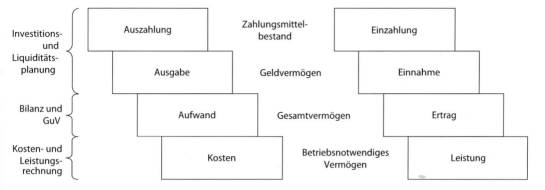

**Abb. 5.2** Maßgrößen des betrieblichen Rechnungswesens

ein gutes Geschäft gemacht. (Sie erinnern sich doch in diesem Zusammenhang an die Grundbegriffe wie Rendite etc.) Factoring bietet den Vorteil, dass Krankenhäuser für ihre erbrachten Leistungen zum einen schneller Geld bekommen, als wenn sie auf das Begleichen ihrer Rechnung durch die Kostenträger warten und obendrein noch das mehr oder weniger reale Risiko tragen, dass die Forderungen nicht oder nur zu einem Teil beglichen werden.

Ausgaben sind ziemlich genau das Gegenteil von Einnahmen, nämlich in obigem Sinne
- **Auszahlungen**, z. B. eine Gehaltszahlung oder das Geld für ein gekauftes Brötchen,
- der **Abgang von Forderungen**,
- der **Zugang von Verbindlichkeiten**, wenn Sie z. B. etwas auf Kredit kaufen, also Verbindlichkeiten gegenüber einem anderen eingehen.

Warum ist das so wichtig? Deshalb, weil man davon das zweite Begriffspaar abgrenzen muss, den **Aufwand** und den **Ertrag** (● Abb. 5.2).

### 5.1.1 Aufwand und Ertrag – die Begriffe des Externen Rechnungswesens

Der Aufwand ist der bewertete (weil ein Geldbetrag, also ein Wert, zugewiesen wird), periodische Güter- und Leistungsverzehr. Periodisch ist der Leistungsverzehr deshalb, weil er sich anders als die Ausgabe auf einen Zeitraum statt auf einen Zeitpunkt bezieht. Aber was soll denn dieser Verzehr sein? Damit es verständlicher wird, versuchen wir es an einem Beispiel zu erklären.

**Beispiel**

Wenn sich Ihr Krankenhaus ein CT kauft, ist der Kaufpreis, der zu einem bestimmten Zeitpunkt gezahlt wird, eine Ausgabe, wie wir ja oben erklärt haben. Sie wollen das CT aber über zehn Jahre nutzen, gehen zur Vereinfachung davon aus, dass es nach dieser Zeit nichts mehr wert sein wird, weil es bis dahin schicke neue CTs gibt, die viel leistungsfähiger sind, und legen den Kaufpreis (daher die Bewertung) auf die geplante Nutzungszeit von zehn Jahren (d. h. periodisch) um. Und voilà: Sie haben den Aufwand.

▼

Genauso ist das bei einem Computer, den Sie steuerlich über drei Jahre abschreiben. Der Verzehr ergibt sich dann aus dem Wertverlust, der über die Zeit entsteht: Sie kaufen einen Computer, zahlen ihn und haben eine Ausgabe. Sie kaufen einen Computer, schreiben ihn über drei Jahre ab und haben einen Aufwand. Es ist also eine Frage des Blickwinkels. Bei einem Computer mit einem Kaufpreis von 900 € wären diese 900 € Ausgaben, die dann zu 300 € Aufwand pro Jahr werden. Nach einem Jahr wird unterstellt, dass der Computer noch einen Wert von 600 € hat (900 € Anschaffungskosten minus 300 € Aufwand im ersten Jahr).

Der Ertrag bezeichnet wiederum das Gegenteil vom Aufwand, nämlich den entstandenen – auf eine Periode bezogen – (Brutto-)Zuwachs an Vermögen. Wichtig ist in jedem Fall, dass das Begriffspaar »Aufwand und Ertrag« immer periodenbezogen verwendet wird. Bleiben wir bei unserem Computer-Beispiel:

**Beispiel**

Nach einem Jahr verkaufen wir den Computer wieder für 800 €. Diese 800 € stellen eine Einnahme dar. Der Wert des Computers beträgt ja, wie dargestellt, nach einem Jahr 600 €. Dies bedeutet: Es wird ein Ertrag von 200 € realisiert, da ich 800 € für einen Computer bekomme, der 600 € wert ist.

## 5.1.2 Kosten und Leistungen – die Begriffe des Internen Rechnungswesens

Unter dem betriebswirtschaftlichen Begriff »Kosten« wird der bewertete Verbrauch von Gütern und Dienstleistungen in einer Periode zum Zwecke – und das ist der Unterschied zum Aufwand- der (typisch) betrieblichen Leistungserstellung – verstanden.

Als Leistung wird demgegenüber der (typische) Wert verstanden, der bei der Erstellung von Gütern und Dienstleistungen innerhalb einer Periode entstanden ist. Ein wesentliches Merkmal für den Kosten- und Leistungsbegriff ist der Betriebszweck. Der Verbrauch oder die Leistung muss in Zusammenhang mit dem typischen betrieblichen Leistungsprozess stehen. Noch einmal zur klaren Unterscheidung: Aufwand ist jeder Werteverzehr – Kosten nur, wenn er auch betriebsbezogen ist. Das bedeutet: In den meisten Fällen sind Kosten gleich Aufwand. Eine Ausnahme ergibt sich, wenn ich einen Aufwand habe, der nichts mit meinem Unternehmenszweck zu tun hat.

**Beispiel**

Ein im Betriebsvermögen des Krankenhauses befindliches Gebäude wird beispielsweise, da es derzeit nicht für betriebliche Zwecke benötigt wird, an fremde Dritte vermietet. Das klingt fürchterlich Amtsdeutsch und bedeutet, dass z. B. leer stehende Räume im Krankenhaus an einen Floristen als Blumenladen vermietet werden. Bezogen auf das Gebäude, entstehen so Erträge (also die Mietforderung) und Aufwendungen (für die Instandhaltung der Räume). Es entstehen aus anderem Blickwinkel in der Regel auch

▼

Ein- und Auszahlungen durch Mieteinnahmen einerseits und Handwerkerrechnungen andererseits.

Jetzt folgt der springende Punkt: Kosten und Leistungen können in unserem Beispiel wegen des fehlenden »Betriebszweckbezuges« nicht entstehen. Hier wird auch schon der Unterschied zwischen dem Internen und Externen Rechnungswesen deutlich. Für einen externen Adressaten müssen die Erträge und Aufwendungen für das Gebäude natürlich angegeben werden. Zur internen Kalkulation von Produkten oder Dienstleitungen sollten die Erträge und Aufwendungen aus der Vermietung des Gebäudes nicht mit hinzugezogen werden. Dies wäre ja dann eine Art Subventionierung der eigentlichen Produkte. Im Weiteren werden wir auf die Unterschiede zwischen dem Internen und Externen Rechnungswesen noch etwas tiefer eingehen.

## 5.2    Internes Rechnungswesen

Das Interne Rechnungswesen dient der kaufmännischen Leitung eines Krankenhauses als Informationssystem: Für nahezu jede kaufmännische Entscheidung sollte das Interne Rechnungswesen Informationen zur Entscheidungsgrundlage liefern. Vielfach findet man dieses Informationszentrum auch als Abteilung »Internes Rechnungswesen«. Manchmal wird die Abteilung neudeutsch als »Controlling« bezeichnet. Zur Erklärung: Sowohl für die Funktion des Internen Rechnungswesens als auch zur Abgrenzung zum Externen Rechnungswesen wird in der Praxis oftmals der Begriff »Controlling« synonym verwendet. Wir bleiben beim Begriff »Controlling«, weil er sich hier flüssiger liest.

Controlling ist im weitesten Sinne immer die Bereitstellung von Informationen zur optimalen Steuerung von Unternehmen. So sind viele Controlling-Abteilungen in Krankenhäusern noch recht jung. In den Zeiten, als das Selbstkostendeckungsprinzip noch galt (bis 1993 hatten Krankenhäuser ein Recht darauf, ihre anfallenden Kosten vollständig erstattet zu bekommen), war eine aufwendige Steuerung oftmals nicht notwendig und der Bedarf an Krankenhaus-Controllern gering. Dies hat sich im DRG-Zeitalter grundlegend geändert, und in den meisten Krankenhäusern geht man sogar noch weiter als in vielen anderen Branchen: Es findet eine Unterteilung in das herkömmliche, »klassische« Controlling und das Controlling der Leistungserstellung, dem »Medizin-Controlling«, statt. Das klassische Krankenhaus-Controlling ist für die betriebswirtschaftliche Planung, Steuerung und Kontrolle zuständig. Dies erfolgt vornehmlich durch betriebswirtschaftlich ausgebildete Mitarbeiter. Medizin-Controller beschäftigt sich mit der Struktur-, Prozess- und Ergebnisqualität der medizinischen Leistungserstellung. Dies erfordert fundierte medizinische Fachkenntnisse und wird daher hauptsächlich von Medizinern ausgeübt, die eine Controlling-spezifische Zusatzausbildung erhalten haben (dazu mehr in Kap. 4).

Sofern die Daten ausschließlich für das Controlling bestimmt sind, gibt es keine gesetzlichen Vorschriften, in welchem Umfang ein Controlling überhaupt vorhanden sein sollte oder wie es auszugestalten ist.

Welche Freiheiten und Fragestellungen sich durch die fehlenden gesetzlichen Vorschriften ergeben, lässt sich durch ein kleines Beispiel verdeutlichen.

**Beispiel**

Die kaufmännische Leitung möchte vom Internen Rechnungswesen das Ergebnis für stationäre Leistungen einer Fachabteilung wissen. Wir verstehen unter »Ergebnis« die Erlöse, abzüglich der (relevanten) Kosten. Die Erlöse der Fachabteilungen sind noch recht einfach zu ermitteln. Bei der Ermittlung der (relevanten) Kosten wird es schon etwas schwerer, denn die betreffende Fachabteilung verfügt neben der stationären Behandlung auch über eine Ambulanz. Die Mitarbeiter des Ärztlichen Dienstes und des Pflegedienstes sind sowohl auf den Stationen als auch in der Ambulanz tätig (andere Dienstarten betrachten wir der Einfachheit halber nicht). Um nun den Anteil der Personalkosten als Teil der Gesamtkosten zu ermitteln, stellt sich zwangsläufig die Frage, zu welchem Anteil die betroffenen Mitarbeiter für stationäre und für ambulante Patienten tätig sind. Denn wenn sie jeweils die Hälfte ihrer Arbeitszeit für einen der beiden Bereiche tätig sind, dürfte auch nur die Hälfte der Personalkosten dem stationären Bereich als Kosten zugerechnet werden. In der Realität wird es allerdings nie für alle Mitarbeiter genau die Hälfte der Arbeitszeit sein. Es wird ganz im Gegenteil sogar nur in den wenigsten Fällen eine feste Zeiteinteilung für die Arbeitszeit auf den Stationen und in der Ambulanz geben, sondern in der Regel flexibel nach Bedarf gehandelt. Da die Personalkosten aber den größten Teil der Gesamtkosten ausmachen, wird hier eine genauere Betrachtung notwendig sein.

Es gibt nun verschiedene Möglichkeiten, die Frage des Arbeitsanteils auf den Stationen und damit die **Höhe der relevanten Personalkosten** zu beantworten. Die beispielhaften drei Möglichkeiten (es gibt bestimmt noch weitere) unterscheiden sich jeweils in der Höhe der Kosten, die für die Beschaffung der Informationen anfallen, und der Genauigkeit der Ergebnisse.

- 1. Möglichkeit: Die Arbeitszeiten der Mitarbeiter auf den Stationen bzw. in der Ambulanz werden von den Mitarbeitern dauerhaft entweder selbst oder von einer unabhängigen Person erfasst. Dies würde genaue Werte liefern, aber auch viel zusätzliche Arbeit bedeuten – und es würde dauern, bis ein Ergebnis vorliegt.

- 2. Möglichkeit: Die Zeiten, in denen sich die Mitarbeiter auf der Station oder in der Ambulanz befinden, werden nur für eine gewisse Zeit erfasst. Die Ergebnisse werden dann für den gesamten Zeitraum hochgerechnet. Der zeitliche Aufwand wird so auf eine bestimmte Zeit begrenzt. Der Aufwand ist hoch, aber absehbar. Durch Hochrechnungen können allerdings die Ergebnisse ungenau werden. Jemand, der mit den Zahlen nicht zufrieden ist, wird direkt als Einwand vorbringen, dass der gewählte Zeitraum nicht repräsentativ ist.

- 3. Möglichkeit: Man befragt die betroffenen Mitarbeiter nach ihrer Einschätzung über ihre Arbeitszeit, die sie auf den Stationen und in der Ambulanz verbringen. Die ist die am wenigsten aufwendige Möglichkeit, allerdings auch die mit der größten Ungenauigkeit. Unter Umständen sind die Mitarbeiter auch voreingenommen und wollen das Ergebnis in die eine oder andere Richtung beeinflussen. Alternativ kann man natürlich auch immer selbst schätzen.

Wir haben also im Wesentlichen drei verschiedene Möglichkeiten, die Personalkosten für den Ärztlichen Dienst und den Pflegedienst zu ermitteln. Je höher die Genauigkeit der Ergebnisse, desto höher sind in diesem Fall auch die Kosten der Beschaffung (hier durch die Dauer und Aufwand bedingt). Nun liegt es im Ermessen des »Entscheiders«, zu beurteilen, mit welcher Genauigkeit die Daten benötigt werden. Es liegt auf der Hand, dass bei weitreichenden Entscheidungen die Bereitschaft zur Zahlung für eine höhere Ergebnisgenauigkeit höher ist.

---

**Exkurs**

Bei einigen Lesern wird nun die Frage aufkommen, wieso Kosten entstehen: Die Mitarbeiter sind doch ohnehin bei der Arbeit, und ob die Arbeitszeit aufgeschrieben wird oder nicht, kostet doch nichts, oder? Die Zeit, in der medizinisches Personal keine Tätigkeit ausübt, die Erlöse generiert, ist gleichbedeutend mit einer Zeit, die sich im Kostensinn als Verlust für die entgangenen Erlöse berechnen lässt. Hier spricht der gemeine Betriebswirt von »Opportunitätskosten«, d. h. Kosten, die dadurch entstanden sind, dass man A gemacht hat, aber mit B in der gleichen Zeit mehr Geld verdient hätte.

---

Ähnlich verhält es sich bei Investitionsentscheidungen: Je höher der Wert einer Investition ist, desto eher wird man bereit sein, die Kosten für notwendige Informationen im Vorfeld zu bezahlen. Dies kann man sich auch an Beispielen aus dem privaten Umfeld schnell verdeutlichen. Beim Kauf eines neuen Autos wird man mehr eigenes Geld und Zeit in Informationsbeschaffung investieren als beim Kauf eines kleinen Haushaltsgerätes.

Im Zusammenhang mit der Berechnung von Personalkosten haben wir von relevanten Kosten gesprochen. Warum werden sie als »relevant« bezeichnet? Werden die Kosten überhaupt nach dem »richtigen« Schlüssel verteilt? Ist die Verteilung der Personalkosten nach den Arbeitszeiten auf der Station bzw. in der Ambulanz überhaupt die richtige Herangehensweise

zur Bestimmung der relevanten Kosten? Weshalb werden die Personalkosten nicht analog zu den erzielten Umsätzen der Ambulanz bzw. der Station verteilt? Es gibt keine eindeutige Antwort auf diese Fragen. Sie sind nur abhängig von der individuellen Situation und Fragestellung beantwortbar, so dass Sie von uns nur ein entschiedenes »Kommt drauf an« hören.

Noch ein weiteres Beispiel mit der Frage nach dem Ergebnis einer Fachabteilung:

**Beispiel**

Wir stellen uns ein Krankenhaus mit den Fachabteilungen »Allgemeine Chirurgie« und »Innere Medizin« vor. Zum Bau des Krankenhauses wurden keine Fördermittel verwendet, sondern es ist ein Kredit mit 500.000 € Zinsen pro Jahr zu tilgen. Die Fachabteilungen haben 500 bzw. 800 Patienten und haben ein Ergebnis (ohne die Berücksichtigung der Zinsen für das Gebäude) von 200.000 € bzw. 300.000 € erzielt (◘ Tab. 5.1).

Nun stellt sich die Frage, wie die 500.000 € Zinsen auf die beiden Fachabteilungen verteilt werden sollen. Wie könnte der geeignete Verteilungsschlüssel aussehen? Beispielsweise könnte jeder Abteilung die Hälfte, d. h. weitere 250.000 € Kosten vom Ergebnis abgezogen werden. Dies würde dazu führen, dass die Chirurgie ein negatives Ergebnis von 50.000 € hätte. Alternativ könnten auch die Anzahl der Patienten, die Erlöse oder das Ergebnis herangezogen werden (◘ Tab. 5.2).

---

Zur Erklärung von Tabelle 5.2: In unserem Beispiel wurden 1.300 Patienten behandelt. Diese verteilten sich auf die Chirurgie mit 500 Patienten und die Innere mit 800 Patienten. Dies entspricht einem Anteil von ca. 38% der Chi-

■ Tab. 5.1 Die Ausgangsdaten des Beispiels (Werte stark vereinfacht)

| | Allg. Chirurgie | Innere |
|---|---|---|
| Anzahl Patienten | 500 | 800 |
| Durchschnittlicher Erlös pro Patient | 3.000 € | 2.500 € |
| DRG Erlöse | 1.500.000 € | 2.000.000 € |
| Kosten (ohne Zinsen für Gebäude) | 1.300.000 € | 1.700.000 € |
| Ergebnis | 200.000 € | 300.000 € |

■ Tab. 5.2 Mögliche Methoden zur Verteilung der Zinsen auf die Fachabteilungen

| Kriterium | Chirurgie | | Innere | |
|---|---|---|---|---|
| | Anteil am Kriterium in Prozent | Ergebnis | Anteil am Kriterium in Prozent | Ergebnis |
| Patienten (500 zu 800) | 38,46% | 7.692 € | 61,54% | −7.692 € |
| Erlöse (1,5 Mio. zu 2 Mio.) | 42,86% | −14.286 € | 57,14% | 14.286 € |
| Ergebnis (200.000 zu 300.000) | 40,00% | 0 € | 60,00% | 0 € |

rurgie an der Gesamtanzahl von 1.300 Patienten. Wenn das Kriterium »Anzahl Patienten« bei der Verteilung der Zinsen zugrunde gelegt wird, dann werden der Chirurgie 38% von 500.000 € (dies sind 192.308 €) noch einmal vom Ergebnis abgezogen. Aus den 200.000 € Ergebnis, ohne Berücksichtigung von Zinsen, wird ein Ergebnis von 7.692 € nach der Berücksichtigung von Zinsen. Analog erfolgt die Ermittlung für die Innere sowie für die übrigen Kriterien »Erlöse« und »Ergebnis« (vor der Berücksichtigung von Zinsen).

Als alternatives Kriterium wäre obendrein eine aufwendige Ermittlung der benutzten Flächen denkbar. Der verwendete Kredit wurde ja auch zur Bereitstellung der Fläche verwendet. Die Beantwortungen der Fragen, welches Kriterium man heranziehen sollte oder ob man die Zinsen besser gar nicht berücksichtigt, führen uns bereits tief in die Philosophie des Internen Rechnungswesens.

## 5.2.1 Die Kostenrechnung – viele Wege führen nach Rom

Der Begriff der Kostenrechnung, auch Kosten- und Leistungsrechnung genannt, fällt in betriebswirtschaftlichen Bereichen relativ häufig. Grundsätzlich scheint zwar intuitiv klar, was damit gemeint ist, aber da der Begriff als solcher in der Betriebswirtschaft ein feststehender ist, wollen wir eine kurze Übersicht über die Inhalte der »klassischen Kostenrechnung« geben.

Die Aufgaben der Kostenrechnung beziehen sich, wie der Name schon sagt, auf die Kalkulation von Kosten, die in einem Betrieb für die Produktion oder Leistungserstellung entstehen.
In der Kostenrechnung werden Kosten klassisch (was so viel heißt wie: Ist halt so!) auf dreierlei verschiedene Weise zugeordnet:

- nach Kostenarten,
- nach Kostenstellen,
- nach Kostenträgern.

## Kostenartenrechnung

Die Kostenartenrechnung ist der Ausgangspunkt der Kostenrechnung. Es werden sämtliche angefallenen Kosten erfasst und nach ihrer Art unterteilt. Es soll die Frage beantwortet werden, welche Kosten in welcher Höhe angefallen sind. In Kapitel 3 haben wir die Grundzüge der Kostenarten bereits definiert und wollen hier ein wenig weiter ins Detail gehen. Es lassen sich, wie schon erwähnt, unzählige Kostenarten unterscheiden, wobei wir einen Teil bereits kurz angeschnitten haben und uns hier auf ein paar Wesentliche beschränken wollen:

**Personalkosten.** Die hatten wir grundsätzlich schon genannt, hierunter fallen neben den Bruttogehältern auch die Arbeitgeberanteile zur Sozialversicherung und gegebenenfalls freiwillige Pensionsleistungen.

**Materialkosten.** Diese erklären sich ja schon durch die Bezeichnung. Die Materialkosten beinhalten alle während betrieblicher Prozesse verbrauchten Materialien, also etwa Putzmittel oder auch Nahtmaterial. Wichtig ist, dass das verbrauchte Material mit der betrieblichen Tätigkeit in Zusammenhang stehen muss. (Vielfach wird auch der Begriff »Sachkosten« verwendet. Sachkosten bezeichnen alle Nicht-Personalkosten. Nach Kostenarten unterteilt und um damit zu rechnen, ist das allerdings eine zu grobe Einteilung, daher werden Sachkosten in die hier aufgeführten Kostenarten weiter aufgeteilt.)

**Fremdleistungskosten.** Auch die erklären sich fast von selbst. Es sind Kosten für Leistungen, die von anderen Unternehmen durchgeführt werden. Darunter fällt z. B. der Reinigungsdienst, den wir oben den Sachkosten zugeordnet haben. Zur Unterscheidung: Wenn dieser Dienstleister unser Putzmittel benutzt, haben wir Material- und Fremdleistungskosten – wenn er eigenes mitbringt, fällt dieses nur unter die Fremdleistungskosten. Weitere Beispiele sind Transport- und Telekommunikationskosten. Fremdleistungskosten werden häufig mit den Materialkosten zusammengefasst.

**Kapitalkosten.** Dies sind Kosten, die durch die Verwendung von Kapital entstehen. Das klingt etwas befremdlich, meint aber insbesondere Kosten, die für die Inanspruchnahme von Fremdkapital entstehen – also beispielsweise Zinsen, die man für einen Kredit zahlen muss.

## Kostenstellenrechnung

Man kann Kosten auch auf organisatorische Einheiten, auch als »Stellen« bezeichnet, verteilen, was entsprechend als Kostenstellenrechnung bezeichnet wird. Die Kostenstellenrechnung ist die zweite Stufe in der Kostenrechnung. Sie soll die Frage beantworten, wo welche Kosten in welcher Höhe angefallen sind. Erfolgt beispielsweise die Bestellung eines Stuhls auf der Intensivstation, muss auf dem Bestellzettel (oder fortschrittlicher: im Onlineformular) die Kostenstelle des Bestellers angegeben werden, um die Kosten direkt zuordnen zu können. Als Kostenstelle kann man eine »kostenrechnerisch selbstständig abrechenbare Einheit« verstehen. Es handelt sich dabei um einen abgrenzbaren Bereich zur Leistungserstellung, bei dem die benötigten Güter und Dienstleistungen verbraucht werden und für den die angefallenen Kosten erst erfasst und dann kontrolliert werden kann.

Dabei werden die Kostenstellen noch in Hauptkostenstellen und Hilfskostenstellen unterschieden. Wenn Kosten von einer Kostenstelle nicht weiter verrechnet werden sollen oder können, wird diese als **Hauptkostenstelle** bezeichnet. Dies könnte beispielsweise eine Fachabteilung sein. Demgegenüber sind **Hilfskostenstellen** solche Kostenstellen, die Leistungen an andere Kostenstellen abgeben, so dass ihre Kosten nicht direkt auf die Kostenträger, sondern erst auf andere Kostenstellen verrechnet werden müssen, beispielsweise die fachabteilungsübergreifende Diagnostik.

Bei der Anzahl der Kostenstellen in einem Unternehmen sollte das Prinzip der Wirtschaftlichkeit beachtet werden. Die Kostenstelleneinteilung sollte nur so differenziert vorgenommen werden, wie es wirtschaftlich gerechtfertigt ist. Bei einer zu detaillierten Aufteilung der Kostenstellen besteht die Gefahr, dass keine Übersichtlichkeit mehr gegeben ist.

Die erfassten Kosten der Vorkostenstellen werden auf die Endkostenstellen verrechnet. Dies ist die Aufgabe der Innerbetrieblichen Leistungsverrechnung. Dafür sollten allerdings einige Voraussetzungen erfüllt sein. So wird eine »Leistende Kostenstelle« benötigt. Dies könnte beispielsweise die Radiologie sein. Dann sollte es natürlich auch eine »Empfangende Kostenstelle« geben. Als »Empfangende Kostenstelle« könnte eine Chirurgische Fachabteilung das

Bild in Auftrag gegeben haben. Es muss natürlich für ein Röntgenbild ein bestimmter Betrag vereinbart werden. Die Menge der bezogenen Leistung pro Kostenstelle muss sich auch eindeutig bestimmen lassen. In unserem Beispiel ist das aber kein Problem, weil sich die Anzahl der Röntgenbilder ja einfach bestimmen lässt.

Die Kostenstellenrechnung ist dabei so etwas wie ein Hilfskonstrukt, um die Gemeinkosten hilfsweise zuordnen zu können, die Einzelkosten hingegen können direkt der nächsten Stufe, der Kostenträgerrechnung zugeordnet werden.

## Kostenträgerrechnung

Die Kostenträgerrechnung stellt nach der Kostenarten- und Kostenstellenrechnung die dritte Kostenrechenart dar. Der Begriff »Kostenträger« ist in diesem Zusammenhang ein rein betriebswirtschaftlicher und hat nichts gemeinsam mit dem Begriff des Kostenträgers, wie er im Zusammenhang mit der Finanzierung von Krankenhäusern verwendet wird. Die Kostenträgerrechnung beantwortet folgende Frage: Wofür und in welcher Höhe sind die Kosten angefallen? Es handelt sich dabei in der Regel um einzelne Produkte oder Projekte.

Während wir bislang herausgefunden haben, welche Kosten anfallen (Kostenartenrechnung) und *wo* die Kosten anfallen (Kostenstellenrechnung), erfolgt nun der nächste Schritt: Für welche Produkte sind die Kosten angefallen? In der Wirtschaft beruht hierauf vielfach die Preisgestaltung des Produktes – in der Medizin, wo Preise nicht frei gestaltbar sind, würde sie eine Übersicht über die entstehenden Kosten bei gegebener Vergütung ermöglichen. Der Name »Kostenträgerrechnung« resultiert wohl daher, dass Kostenträger alle angefallenen Kosten tragen (müssen), die ihnen zugerechnet werden (◘ Abb. 5.3).

Es gibt verschiedene Verfahren, wie sich

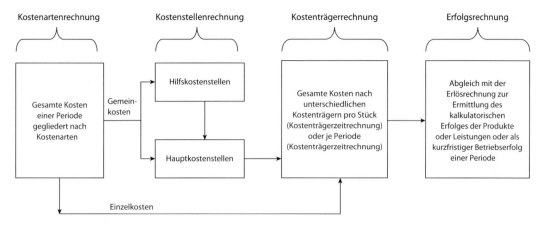

**Abb. 5.3** Von der Kostenartenrechnung zur Erfolgsrechnung

Gemeinkosten auf Kostenträger verteilen bzw. schlüsseln lassen. Diese lassen sich beispielsweise unter den Stichworten »Verursachungsprinzip«, »Durchschnittsprinzip« und »Tragfähigkeitsprinzip« nachlesen. Ganz allgemein zu den Verfahren aber eine Bemerkung: Beim Umlegen von Kosten wird versucht, Gemeinkosten in Pseudo-Einzelkosten zu verwandeln. Wenn die Verrechnungsgröße so eindeutig wäre, könnte man die Kosten ja auch direkt als Einzelkosten bezeichnen. Alle Versuche, Gemeinkosten verursachungsgerecht zuzuordnen, sind daher immer ein wenig falsch und immer ein wenig richtig. Daher wird das Umlegen von Gemeinkosten auch gerne als »Umlügen« bezeichnet.

In der Kostenrechnung wird je nach Umfang der verrechneten Kosten von einer »Vollkostenrechnung« oder »Teilkostenrechnung« gesprochen. In einer Vollkostenrechnung werden sämtliche angefallenen Kosten einer Periode verrechnet. Dies kann man als »historische« Urform der Kosten- und Leistungsrechnung verstehen. Bei der Teilkostenrechnung werden lediglich die variablen Kosten auf die Kostenträger verrechnet. Die fixen Kosten werden nicht auf die Kostenträger verrechnet, sondern lediglich als Gesamtsumme betrachtet. Beide

Varianten weisen – wie immer –Vorteile und Nachteile auf.

In der Zeit, als die Vollkostenrechnung entstanden ist, waren Unternehmen dadurch geprägt, dass sie nur wenige Produkte fertigten. Komplexität in der Produktion oder Leistungserstellung waren Fremdworte. Daher war auch der Anteil der Gemeinkosten zu vernachlässigen. Es wurde von gleich bleibenden Bedingungen bei Absatzmengen und Kostenstrukturen ausgegangen, so dass sie Kostensteuerung nicht zu den primären Zielen zählte. Aus der heutigen Sicht eines Controllers in den meisten Branchen eine idealisierte Welt, in der allerdings auch Controller um den Job zittern müssten.

Lediglich bei einer geringen Anzahl von Produkten und einem geringen Gemeinkostenanteil lässt sich mit der klassischen Vollkostenrechnung zu verwertbaren Ergebnisse kommen. Für die Verteilung der Gemeinkosten in der Vollkostenrechnung gibt es unzählige Verfahren. Die Vorgehensweise und die Unterschiede bei den beiden wohl bekanntesten Verfahren werden in einem Beispiel verdeutlicht.

Nehmen wir eine HNO-Abteilung, die aus Gründen der Vereinfachung nur die beiden Eingriffe »Tonsillektomie« und »Mikrolaryngoskopie« macht. Wir gehen in unserem Beispiel von Gemeinkosten in Höhe von 750.000 € aus (☐ Tab. 5.3).

Die Gemeinkosten werden bei der **Variante 1** (☐ Tab. 5.4) durch die Anzahl der Eingriffe dividiert. Das Ergebnis, die »Gemeinkosten pro Eingriff«, wird zu den variablen Kosten des Eingriffes addiert. Die Summe ergibt die Gesamtkosten für den jeweiligen Eingriff. Es wird bei dieser Variante angenommen, dass die Gemeinkosten im Verhältnis zur Anzahl der erstellten Produkte entstehen.

Variante 1:
- Summe Eingriffe: 1.500
- Gemeinkostensatz:
  750.000 €/1.500 Eingriffe = 500 €
- Gesamtkosten: Variable Kosten + Gemeinkostenanteil
- Ergebnis pro Eingriff: Erlöse – Gesamtkosten
- Gewinn: Ergebnis pro Eingriff × Anzahl Eingriffe (der Gewinn pro Eingriff wird dann für jeden einzelnen Eingriff addiert)

Bei der **Variante 2** (☐ Tab. 5.5) werden die Gemeinkosten nicht im Verhältnis zu der Anzahl der Eingriffe verteilt, sondern im Verhältnis zu den erfassten Einzelkosten oder den erzielten Erlösen.

Dies hat zur Folge, dass Produkten mit geringen variablen Kosten bzw. geringen Erlösen pro Eingriff verhältnismäßig geringe Gemeinkosten zugerechnet werden. Umgekehrt werden bei hohen variablen Kosten bzw. hohen Erlösen pro Eingriff hohe Gemeinkosten verrechnet.

Bei der Verrechnung über die Höhe der Erlöse wird angenommen, dass Eingriffe mit einem hohen Erlös einen höheren Anteil an Gemeinkosten tragen können. Dies wird als Tragfähigkeit bezeichnet. Eine proportionale Entstehung von Gemeinkosten und Einzelkosten wird bei der Verrechnung über die entstandenen Einzelkosten unterstellt.

Variante 2 (Verteilung auf Basis der Erlöse):
- Summe Erlöse:
  2.500 € × 500 + 1.900 € × 1.000 =
  3.150.000 €
- Gemeinkostenanteil
- Tonsillektomie:  Gemeinkosten/Summe Erlöse × Erlöse je Tonsillektomie = 595 €
- Gemeinkostenanteil
- Mikrolaryngoskopie:   Gemeinkosten/Summe Erlöse × Erlöse je Mikrolaryngoskopie = 452 €
- Gesamtkosten: Variable Kosten + Gemeinkostenanteil
- Ergebnis pro Eingriff: Erlöse – Gesamtkosten
- Gewinn: Ergebnis pro Eingriff × Anzahl Eingriffe (der Gewinn pro Eingriff wird dann für jeden einzelnen Eingriff addiert)

Bei der Verteilung von Gemeinkosten wird auch von einer **Variabilisierung der Fixkosten** gesprochen. Beispielhaft haben wir zwei Verfahren vorgestellt und durchgerechnet. Bei beiden Verfahren ist am Ende für das Unternehmen der Gewinn bei 25.000 €. Dies verwundert erst mal nicht, weil die Summe der Gemeinkosten, die auf die Produkte verteilt wurden, bei beiden Verfahren gleich ist. Das Ziel war ja lediglich,

**◘ Tab. 5.3** Ausgangsdaten Beispiel »Klassische Vollkostenrechnung« (angegebene variable Kosten sind beispielhaft)

|  | Tonsillektomie | Mikrolaryngo-skopie |
|---|---|---|
| Erlös | 2.500 € | 1.900 € |
| Anzahl Eingriffe | 500 | 1.000 |
| Variable Kosten | 1.750 € | 1.500 € |

**◘ Tab. 5.4** Beispiel »Klassische Vollkostenrechnung« – Variante 1

|  | Tonsillektomie | Mikrolaryngo-skopie |
|---|---|---|
| Erlös | 2.500 € | 1.900 € |
| Anzahl Eingriffe | 500 | 1.000 |
| Variable Kosten | 1.750 € | 1.500 € |
| Gemein-kosten-anteil | 500 | 500 |
| Gesamt-kosten | 2.250 € | 2.000 € |
| Ergebnis pro Eingriff | 250 € | −100 € |
| Gewinn | 25.000 € | |

**◘ Tab. 5.5** Beispiel »Klassische Vollkostenrechnung« – Variante 2

|  | Tonsillektomie | Mikrolaryngo-skopie |
|---|---|---|
| Erlös | 2.500 € | 1.900 € |
| Anzahl Eingriffe | 500 | 1.000 |
| Variable Kosten | 1.750 € | 1.500 € |
| Gemein-kosten-anteil | 595,24 € | 452,38 € |
| Gesamt-kosten | 2.345,24 € | 1.952,38 € |
| Ergebnis pro Eingriff | 154,76 € | −52,38 € |
| Gewinn | 25.000 € | |

die Gemeinkosten auf die Produkte zu verteilen und nicht ihre Höhe zu beeinflussen. Auf die Frage, welches denn nun das »richtige« Verfahren ist, gibt es keine Antwort: Beides sind Methoden, nach denen sich die Gemeinkosten verteilen lassen. Wir erwähnten ja bereits das »Umlügen« von Gemeinkosten. Die Annahmen die den Verfahren zugrunde liegen, sind alle ein wenig richtig und ein wenig falsch. Darüber hinaus ließen sich noch einige Seiten mit weiteren Verfahren füllen. Das Grundmuster ist bei allen gleich. Es wird versucht, über einen plausibel klingenden Verteilungsschlüssel die Gemeinkosten auf die einzelnen Produkte zu verteilen. Die nächste natürliche Frage wäre dann, nach welchem Verfahren man steuern sollte. Die Antwort wird wohl leider lauten müssen: In den meisten Fällen nach keinem von beiden! Dies werden wir an einem weiteren Beispiel im Folgenden noch zeigen.

## Deckungsbeitragsrechnung

Die Deckungsbeitragsrechnung ist eine Form der Teilkostenrechnung. Teilkostenrechnung bedeutet, wie bereits erwähnt, dass im ersten Schritt lediglich die variablen Kosten berücksichtigt werden. Es werden die fixen Kosten nicht auf den Kostenträger verrechnet, sondern lediglich als Kostenblock betrachtet. Als Synonym für »Deckungsbeitragsrechnung« wird der Begriff »Direct Costing« verwendet.

### Beispiel

Die Ausgangsdaten zum Beispiel »Deckungsbeitrag I« sind:
- Erlöse und variable Kosten (s. Tab. 5.3)
- Die fixen Kosten sind beispielhaft.
- Deckungsbeitrag (I): Erlös – variable Kosten je Eingriff
  Summe Deckungsbeitrag (I): Deckungsbeitrag (I) × Anzahl je Eingriff addieren
- Gewinn: Summe Deckungsbeitrag (I) – fixe Kosten

Es ergibt sich ein Deckungsbeitrag von 750 € bzw. 400 € (❏ Tab. 5.6). Dies ist der Beitrag des einzelnen Produktes oder Dienstleistung zur Deckung der fixen Kosten.

❏ Tab. 5.6 Beispiel »Deckungsbeitragsrechnung I«

|  | Tonsillektomie | Mikrolaryngoskopie |
|---|---|---|
| Erlös | 2.500 € | 1.900 € |
| Anzahl Eingriffe | 500 | 1.000 |
| Variable Kosten | 1.750 € | 1.500 € |
| Deckungsbeitrag (I) | 750 € | 400 € |
| Summe Deckungsbeitrag (I) | 775.000 € | |
| Fixe Kosten | 750.000 € | |
| Gewinn | 25.000 € | |

Für Entscheidungen mit einer kurzfristigen Betrachtung ist die ausschließliche Berücksichtigung von variablen Kosten die bessere Alternative gegenüber der klassischen Vollkostenrechnung. Jetzt lässt sich erst einmal fragen, warum ein Verfahren vorteilhafter sein soll, bei dem für die einzelnen Produkte weniger Kosten berücksichtigt werden.

Ausgangspunkt der Überlegung ist der Umstand, dass fixe Kosten kurzfristig nicht beeinflussbar sind. So setzen sich in unserem Beispiel die fixen Kosten aus Personalkostenkosten, Abschreibungen, Mieten usw. zusammen

(die fixen Kosten sind in diesem Beispiel auch Gemeinkosten). Im Beispiel der klassischen Vollkostenrechnung wird bei dem Eingriff »Mikrolaryngoskopie« je nach Berücksichtigung der Gemeinkosten ein negatives Ergebnis zwischen 52,38 € und 100 € pro Eingriff erzielt. Bei einem negativen Ergebnis könnte man auf die Idee kommen, diesen Eingriff nicht mehr anzubieten (wir gehen davon aus, dass dies so ohne Weiteres möglich wäre).

Die Berechnung erfolgt analog dem Beispiel »Deckungsbeitragsrechnung I«. Und wenn man so rechnet, hat sich der Gewinn von ursprünglich 25.000 € in einen Verlust von 375.000 € gedreht (❏ Tab. 5.7). Es war also keine sehr vorteilhafte Idee, ein Produkt nicht mehr anzubieten, das unter der Berücksichtigung von Vollkosten einen Verlust macht. Anders ausgedrückt heißt dies, dass ein Produkt mit einem positiven Deckungsbeitrag (wie in diesem Beispiel 400 € pro Eingriff) zur Deckung der

◨ **Tab. 5.7** Beispiel »Deckungsbeitragsrechnung II«

|  | Tonsillek-tomie | Mikrolaryngo-skopie |
|---|---|---|
| Erlös | 2.500 € | - / - |
| Anzahl Eingriffe | 500 | - / - |
| Variable Kosten | 1.750 € | - / - |
| Deckungs-beitrag (I) | 750 € | - / - |
| Summe Deckungs-beitrag (I) | 375.000 € | - / - |
| Fixe Kosten | 750.000 € | |
| Gewinn | −375.000 € | |

fixen Kosten beiträgt und kurzfristig auch immer vorteilhaft ist. Wenn sich die fixen Kosten kurzfristig reduzieren lassen würden, könnten sie auch direkt als variable Kosten bezeichnet werden. Da sich dennoch langfristig auch fixe Kosten beeinflussen lassen, wird die Deckungsbeitragsrechnung als eine kurzfristige Erfolgsrechnung bezeichnet.

Nach den ursprünglichen Varianten der Kostenrechnung aber nun zu den historisch betrachtet moderneren Verfahren des Controllings. Exemplarisch werden wir nun das Target Costing und die Prozesskostenrechnung vorstellen.

## Target Costing

Target Costing, auch als Zielkostenrechnung bezeichnet, ist ein Instrument des strategischen Controllings, welches Mitte der 60er Jahre von Toyota® entwickelt worden ist. Es handelt sich dabei um ein Verfahren, welches sich vollkommen an den Gegebenheiten des Marktes orientiert. Über Veröffentlichungen in englischer Sprache gelangte das Konzept Ende der 80er Jahre in den angloamerikanischen Raum und Anfang der 90er Jahre nach Deutschland.

Es steht nicht mehr die Frage »Was *wird* mein Produkt kosten?« im Vordergrund, sondern die Frage »Was *darf* mein Produkt kosten?«. Bereits hier sollte der Mediziner im Krankenhaus aufmerksam werden, denn auch das Angebot an medizinischen Leistungen wird immer mehr von der Frage »Was darf mein Produkt kosten?« dominiert. Die möglicherweise zu erzielenden Erlöse pro Patient sind im Krankenhaus mehr oder weniger vorgegeben und können nur begrenzt beeinflusst werden.

Das Konzept des Target Costing sieht vor, dass vom vorgegebenen Preis eine Gewinnmarge abgezogen wird. So erhält man die »Erlaubten Kosten« eines Produktes, die nicht überschritten werden dürfen. Dabei handelt es sich um eine Preisuntergrenze, die, wenn sie die Gesamtkosten langfristig decken will, aus einer Vollkostenrechnung hervorgehen muss. Es müssen also sowohl Einzel- als auch Gemeinkosten berücksichtigt werden. Die »Erlaubten Kosten« sind dann auf die einzelnen Funktionsbereiche zu verteilen, die Leistungen für einen Patienten erbringen. Mit diesem Anteil am Erlös jedes einzelnen behandelten Patienten hat dann der einzelne Funktionsbereich seine eigenen Kosten zu bestreiten.

An dieser Stelle muss man leider zugestehen, dass dieses vom Ansatz her prädestinierte Verfahren an der Realität in deutschen Krankenhäusern nicht vorbeikommt. Es stehen nur in den wenigsten Krankenhäusern die Voraussetzungen zur Verfügung, um die für ein Target Costing notwendige Daten bereitstellen zu können. Es erfordert ein sehr gut ausgebautes Controlling, eine funktionierende Innerbetriebliche Leistungsverrechnung und sehr genaue Daten über alle kostenverursachenden Bereiche, um ein solches Verfahren zu implementieren.

Als weiterer Punkt ist zu erwähnen, dass die ursprüngliche Konzeption von neu auf den Markt kommenden Produkten ausgegangen ist. Die wesentlichen Schwerpunkte der Kostenbeeinflussung liegen in der frühen Phase der einer Produktentwicklung. In einer Studie eines Luftfahrtunternehmens wurde Anfang der 70er Jahre nachgewiesen, dass ca. 80–90% der Herstellkosten bereits bei der Entwicklung eines Produktes festgelegt werden. Target Costing setzte daher nicht erst in der eigentlichen Erstellung der Leistung ein, sondern bereits in der Planungs- und Entwicklungsphase. Es konnte damals nachgewiesen werden, dass die Einflussmöglichkeiten auf die Kosten im Laufe des Lebenszyklus eines Produktes erheblich sinken. Auch auf ein Krankenhaus lässt sich diese Erkenntnis übertragen. Sofern feste vorgegebene Strukturen in den Bereichen Gebäude, Personal und Medizintechnik vorgegeben sind, ist es um wesentlich schwerer, Kostenstrukturen anzupassen, als bei einer Planung eines vollkommen neuen Krankenhauses.

Das Konzept des Target Costing erstreckt sich explizit über die gesamte Unternehmung und damit über alle Funktionsbereiche. Es sollten interdisziplinäre Teams gebildet werden, die ein Produkt oder eine Dienstleistung von der ersten Idee über die Entwicklung bis hin zum Verkauf begleiten. Diesem Team sollte ein Verantwortlicher vorstehen, der für dieses Produkt oder für diese Dienstleistung verantwortlich zeichnet und der mit allen notwendigen Kompetenzen ausgestattet ist. In den kostenbeeinflussenden Abteilungen sollten sowohl hinreichende Informationen über monetäre Konsequenzen von Handlungsalternativen, aber auch Informationen über die Kundenanforderungen vorhanden sein. Erst dies ermöglicht eine marktorientierte Abwägung verschiedener Handlungsalternativen, was im Sinne des Patienten ist. In der Realität würden diese interdisziplinären Teams allerdings viele Krankenhauskulturen vor erhebliche Herausforderungen stellen.

## Prozesskostenrechnung

Der Anteil der Gemeinkosten an den Gesamtkosten ist in Dienstleistungsunternehmen, wie bereits mehrfach beschrieben, sehr hoch. Dies trifft natürlich auch auf ein Krankenhaus zu. Die Kosten für einen Mitarbeiter, der verschiedene Tätigkeiten ausübt, lassen sich nur schwer einem bestimmten Patienten zuordnen. In der fertigenden Industrie ist durch den steigenden Automatisierungsgrad in den vergangenen Jahrzehnten der Anteil ebenfalls ständig gestiegen, da sich die Kosten für Maschinen ebenfalls nicht einem einzelnen Produkt zuordnen lassen. Ergänzend dazu erwähnen wir, dass in fast allen Betrieben der Umfang für planende, steuernde und überwachende Aufgaben angestiegen ist. Ausgangspunkt und wesentlicher Auslöser der Entwicklung der Prozesskostenrechnung ist die logisch problematische Zurechnung der Gemeinkosten auf einzelne Kostenträger, wie sie in den vorangegangenen Abschnitten angesprochen worden ist.

Die wesentliche Frage der Prozesskostenrechnung ist die nach den Haupteinflussfaktoren bei der Entstehung der Gemeinkosten. Die Prozesskostenrechnung weicht von herkömmlichen Kostenrechnungssystemen ab, da sie den Fokus auf die Beanspruchung von einzelnen Bereichen und Leistungen richtet. Die Grundidee der Prozesskostenrechnung besteht darin, für sich wiederholende Tätigkeiten Kosten zu ermitteln und diese einem Kostenträger zuzuordnen. Ziel ist es, Kosten über die Prozesse in einem Unternehmen zu verrechnen. Die Ausgangsdaten der Prozesskostenrechnung werden dabei aber aus der traditionellen Kostenarten- und Kostenstellenrechnung gewonnen.

Zur Einführung einer Prozesskostenrechnung sind teilweise recht aufwendige Vorbereitungen notwendig. Diese lassen sich in drei Phasen einteilen.

---

**Vorbereitungsphasen zur Einführung der Prozesskostenrechnung**

**1. Phase: Identifizierung von Prozessen durch eine Tätigkeitsanalyse.** Es bedarf einer Transparenz über die Prozesse im Unternehmen. Daher sollte zu Beginn einer Prozessanalyse zuerst eine Identifikation der Prozesse erfolgen. Aus Gründen der Wirtschaftlichkeit sollten die Bereiche priorisiert werden, die einen Großteil der Kosten verursachen. Dabei empfiehlt es sich natürlich, mit den wesentlichen Prozessen zu beginnen. – In allen Bereichen eines Krankenhauses sind mithilfe von Tätigkeitsanalysen sich wiederholende Prozesse zu definieren. Jeder dieser Prozesse wird als ein Teilprozess verstanden, der einem Hauptprozess zugeordnet werden kann. Der Hauptprozess kann in einem Krankenhaus als der Weg eines Patienten von der Aufnahme bis zur Entlassung für eine bestimmte Diagnose verstanden werden.

**2. Phase: Bestimmung von Planprozessmengen und Bezugsgrößen.** Nach der Tätigkeitsanalyse sind die »kostentreibenden« Faktoren zu ermitteln. Der Kostentreiber bildet die Messgröße für die Kostenverursachung. Der »Kostentreiber« könnte beispielsweise die Anzahl der Patienten mit einer bestimmten Diagnose sein. In der Aufnahme eines Krankenhauses ist der »kostentreibende« Faktor die Anzahl der Patienten die aufgenommen werden. Durch diesen Faktor wird die Größe einer Organisations-
▼

einheit vielfach determiniert. Eine größere Organisationseinheit »Aufnahme« wird (logischerweise) in der Regel nur vorgehalten, wenn in dem Krankenhaus auch viele Patienten aufzunehmen und zu versorgen sind.

**3. Phase: Bildung von Prozesskostensätzen.** Am Ende erfolgt die Ermittlung der Plankosten für jeden einzelnen Prozess. Diese drücken sich in einem Prozesskostensatz aus. Dieser ergibt sich, indem die Prozesskosten durch die Prozessmenge (Anzahl der Durchläufe) dividiert werden.

---

Es ist die Herausforderung, die Kosten der administrativen Prozesse sinnvoll mit dem Erlös, den das Krankenhaus für einen bestimmten Patienten bekommt, zu verrechnen. Die einzelnen Teilprozesse von der Aufnahme über die Diagnostik bis zur Therapie und der Pflege sowie der letztlichen Entlassung sind jeweils einem einzelnen Patienten zu zuordnen, was genauso schwierig ist, wie es klingt.

## 5.3 Externes Rechnungswesen

Wie der Name schon vermuten lässt, sind die Adressaten des Externen Rechnungswesens primär außerhalb des eigenen Unternehmens zu finden. Alle Adressaten haben eines gemeinsam: Sie verfügen (verständlicherweise) über weniger Informationen über das Unternehmen als das Management, d. h., sie sind auf Informationen aus dem Unternehmen angewiesen (◘ Tab. 5.8).

Die Kommunikation an externe Adressaten erfolgt dabei in Form eines fest definierten Berichtes, der als **Jahresabschluss** bezeichnet wird. Ein Jahresabschluss ist der rechnerische Schlussstrich unter ein Wirtschaftsjahr. Das

◘ **Tab. 5.8** Adressaten des Externen
Rechnungswesens

| Adressat des externen Rechnungswesens | Interesse des Adressaten |
|---|---|
| Eigentümer | Wie entwickelt sich mein Unternehmen? |
| Finanzamt | Wie hoch sind die zu zahlenden Steuern? |
| Arbeitnehmer | Wie zukunftssicher ist mein Arbeitgeber? |
| Kreditgeber | Bekomme ich mein Geld wieder? |
| sonstige Geschäftspartner | Sollte ich mit diesem Unternehmen Geschäfte machen? |

Wirtschaftsjahr hat zwar die Dauer von zwölf Monaten, muss aber bei dem überwiegenden Teil der Unternehmen nicht zwangsläufig einem Kalenderjahr entsprechen. So kann ein Wirtschaftsjahr auch vom 1. Juni eines Jahres bis zum 31. Mai des folgenden Jahres verlaufen. In besonderen Fällen, wie beispielsweise dem Wechsel der Rechtsform oder einer Fusion, ist auch ein so genanntes Rumpfwirtschaftsjahr möglich, dass kürzer als zwölf Monate ist. Für Krankenhäuser schreibt die Verordnung über die Rechnungs- und Buchführungspflichten von Krankenhäusern (KHBV) allerdings vor, dass ein Wirtschaftsjahr dem Kalenderjahr zu entsprechen hat.

Es ist gesetzlich geregelt, wer einen Jahresabschluss veröffentlichen muss und zu welchem Zeitpunkt der Jahresabschluss spätestens geprüft und veröffentlicht sein sollte. Abhängig von Größe und Rechtsform des Unternehmens, müssen die Jahresabschlüsse von Unternehmen von unabhängigen Stellen geprüft werden. Die

Prüfung erfolgt durch einen bestellten Wirtschaftsprüfer, dieser hat im Anschluss an die Jahresabschlussprüfung in einem so genannten Bestätigungsvermerk die ordnungsgemäße Anwendung der Rechnungslegungsvorschriften zu bestätigen. Er fällt damit aber kein Urteil darüber, ob die Entscheidungen der Unternehmensleitung gut oder schlecht waren. Um es überspitzt auszudrücken: Wenn die offensichtlich größte Fehlinvestition richtig verbucht und im Jahresabschluss ausgewiesen ist, hat dies einen uneingeschränkten Bestätigungsvermerk des Wirtschaftsprüfers zur Folge.

Als niedergelassener Arzt ist das allerdings nicht notwendig, man muss keinen Jahresabschluss veröffentlichen, und man muss auch nichts prüfen lassen, sondern lediglich eine so genannte Einnahmen-Überschuss-Rechnung für das Finanzamt erstellen.

Falls Sie sich übrigens mal gefragt haben, was der Begriff der doppelten Buchführung bedeutet: Jeder Geschäftsvorfall wird auf zwei Konten gebucht. Auf dem einen Konto im Soll und auf dem anderen ins Haben. Erfunden hat die doppelte Buchführung, auch »Doppik« genannt, Ende des 15. Jahrhunderts ein Mitbewohner von Leonardo da Vinci (auch damals gab es offenbar schon WGs), dem ein ausgeprägtes mathematisches Interesse nachgesagt wird und der mit dieser Erfindung erstmals ermöglichte, zu jedem Zeitpunkt und für jeden beliebigen Zeitraum eine Gewinn- und Verlustrechnung aufzustellen.

Was aber beinhaltet der Jahresabschluss? Er soll Auskunft geben über den Erfolg und die finanzielle Lage eines Unternehmens.

Die Bezeichnung »Jahresabschluss« wird als Oberbegriff verwendet. Dahinter verbergen sich mehrere Bestandteile. Mindestbestandteile sind die Bilanz und die Gewinn- und Verlustrechnung (GuV). Daneben kann es noch weitere Bestandteile geben, wie beispielsweise ein so genannter Anhang, Anlagenspiegel und Lage-

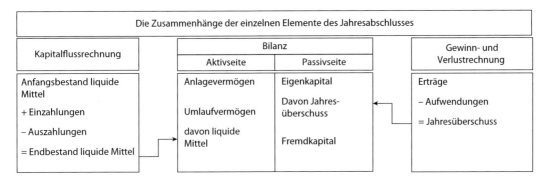

**Abb. 5.4** Struktur eines Jahresabschlusses im Überblick

bericht oder, wie in der Abbildung 5.4 zu sehen, die Kapitalflussrechnung.

### 5.3.1 Die Bilanz – immer die Waage halten

Schauen wir zunächst auf die Bilanz. Die Bilanz ist eine Aufstellung über die Herkunft und die Verwendung des Kapitals eines Unternehmens zu einem bestimmten Zeitpunkt. Die Herkunft wird als **Passiva** und die Verwendung als **Aktiva** bezeichnet. Dies bedeutet – etwas einfacher ausgedrückt – eine Aufstellung des Vermögens und der Schulden eines Unternehmens. Der Zeitpunkt, an dem die Aufstellung erstellt wird, wird als Bilanzstichtag bezeichnet. Der Begriff der Bilanz kommt von dem italienischen Begriff »bilancia« und bedeutet so etwas in der Art wie (Balken-)Waage. Viele Begrifflichkeiten des Finanzwesens haben ihren Ursprung in der italienischen Sprache, wie auch die erwähnte doppelte Buchführung.

Das System der **doppelten Buchführung** ist so aufgebaut, dass diese Waage immer ausgeglichen ist. Dieses kann auch sehr leicht nachvollzogen werden. Finanzielle Mittel, die zum Bilanzstichtag vorhanden sind, werden auch in irgendeiner Art und Weise verwendet. Entweder wurde mit den finanziellen Mitteln etwas

gekauft, alternativ hat man Guthaben auf der Bank oder in einer Barkasse. Umgekehrt kann sich schlussfolgern lassen, dass ein Vermögensgegenstand, der erworben wurde, entweder mit vorhandenem Geld oder neuen Schulden bezahlt worden ist.

Wir wollen uns die einzelnen Bestandteile der Bilanz näher anschauen. Auf der Aktivseite finden wir das Anlagevermögen und das Umlaufvermögen.

Das Anlagevermögen lässt sich unterteilen in

- Sachanlagen,
- Finanzanlagen.

Es unterscheidet sich gegenüber dem Umlaufvermögen darin, dass das Anlagevermögen dauerhaft dem Unternehmen dienen soll. Beispielsweise sind dies in einem Krankenhaus die Gebäude, die Geräte zur Diagnostik, die Ausstattung der OPs usw.

Unter Umlaufvermögen wird Folgendes verstanden:

- Vorräte,
- Forderungen,
- Bankguthaben,
- Kassenbestände.

Ob ein Vermögensgegenstand zum Anlagevermögen oder zum Umlaufvermögen gezählt wird, ist allerdings nicht eine Frage des materiellen Wertes eines Gutes. Es hängt lediglich vom Zweck ab, den das Unternehmen damit verfolgt. Versuchen wir uns den Unterschied an einem Beispiel zu verdeutlichen.

**Beispiel**

So wird ein Ultraschall-Gerät in einem Krankenhaus dem Anlagevermögen zugerechnet. Mithilfe des Ultraschall-Gerätes sollen dauerhaft Diagnosen erstellt werden, es soll also dauerhaft dem Unternehmen dienen. Von einem Hersteller von Medizintechnik wird das gleiche Gerät als Vorrat, d. h. dem Umlaufvermögen zugerechnet werden. Die Maschinen, mit deren Hilfe die Ultraschall-Geräte hergestellt werden, dienen wiederum bei einem Medizintechnikhersteller dauerhaft dem Zweck des Unternehmens und sind daher bei diesem Anlagevermögen. Analog verhält es sich beispielsweise mit Wertpapieren. Es ist ein bilanzieller Unterschied, ob ein Unternehmen Wertpapiere nur kurzfristig hält, um sie gegebenenfalls mit Gewinn weiterzuverkaufen, oder ob die Anteile langfristig gehalten werden, weil das Tochterunternehmen als Servicegesellschaft Dienstleitungen für das Krankenhaus erbringt.

Auf der Passivseite (das ist die Seite, auf der steht, wo das Geld herkommt) stehen das Eigenkapital und die Schulden. Im Eigenkapital finden wir die finanziellen Mittel, die von außen durch die Gesellschafter oder Stifter zugefügt worden sind, und solche, die durch die Einbehaltung von Gewinnen der Vergangenheit entstanden sind. Unter Schulden (diese werden im Rechnungswesen vornehmer als »Verbindlichkeiten« bezeichnet) werden alle Schulden des Unternehmens zum Bilanzstichtag aufgeführt.

Es ist dabei unerheblich, ob es sich um Darlehen, Hypotheken, Kontokorrentkredite oder Verbindlichkeiten bei Lieferanten handelt. Als »Kontokorrentkredit« wird eine Überziehung des Girokontos bezeichnet.

Nochmals zusammengefasst, ist die Aufgabe der Bilanz eine Aufstellung aller Vermögensgegenstände und finanzieller Mittel zu einem bestimmten Zeitpunkt.

## 5.3.2 Die Gewinn- und Verlustrechnung (GuV)

Im Gegensatz zur Bilanz ist die **Gewinn- und Verlustrechnung** eine Betrachtung der Aufwendungen und der Erträge eines Zeitraumes. Der Saldo aus Aufwendungen und Erträge ergeben den Erfolg eines Wirtschaftsjahres. Für Krankenhäuser, die an die KHBV gebunden sind, gelten nicht nur bei der Bilanz, sondern auch bei der Aufstellung der Gewinn- und Verlustrechnung besondere Regelungen. So werden u. a. die erzielten Erlöse unterteilt in Erlöse aus Krankenhausleistungen, aus Wahlleistungen, aus ambulanten Leistungen des Krankenhauses und aus Nutzungsentgelten der Ärzte. Als weitere Besonderheit ist die Behandlung von Fördermitteln der Bundesländer für Investitionen geregelt. Diesen Umstand gibt es so nicht in anderen Branchen, und er ist daher speziell für Krankenhäuser in der KHBV geregelt.

Die beiden grundlegenden Anforderungen an ein Unternehmen (und damit auch an ein modernes Krankenhaus) sind die Fähigkeit, jederzeit zahlungsfähig zu sein (Liquidität), und die Erreichung einer angemessenen Verzinsung des investierten Kapitals (Rentabilität). Bei den Maßgrößen des Externen Rechnungswesens wird für die Rentabilität zwischen Aufwand und Ertrag und für die Liquidität zwischen Einzahlungen und Auszahlungen unterschieden.

Schauen wir uns zuerst an, was Liquidität

eigentlich ist. **Liquidität** kann man als das Ausmaß der zur Verfügung stehenden finanziellen Mittel bezeichnen. Sie wird beeinflusst über Auszahlungen und erhaltene Einzahlungen. Es ist dabei unerheblich, wofür die Auszahlungen getätigt werden oder aus welchem Grund ich Einzahlungen bekommen habe. Für den Umfang an zur Verfügung stehenden Mitteln existiert eine Vielzahl von Definitionen, auf die wir im Einzelnen nicht eingehen wollen. Die unterschiedlichen Definitionen beantworten lediglich die Frage anders, was in die Mittel einbezogen wird. Bei Industrieunternehmen können Wertpapiere oder Waren oftmals schnell in finanzielle Mittel umgewandelt werden.

Die Bedeutung der Liquidität ist deshalb so wichtig, weil ohne ausreichende Liquidität kein unternehmerisches Handeln, auch nicht das eines Krankenhauses, möglich ist. So ist neben der Zahlungsunfähigkeit bereits die drohende (!) Zahlungsunfähigkeit ein zwingender Grund zur Eröffnung eines Insolvenzverfahrens.

Zur Verdeutlichung der Wichtigkeit der Liquidität und der Abgrenzung gegenüber der Rentabilität schauen wir uns einmal den Ablauf in einem Krankenhaus an: Die Rechnung für eine Behandlung wird erst eine gewisse Zeit nach der Entlassung des Patienten von der Krankenkasse bezahlt – was erst einmal ja nichts Ungewöhnliches ist. Bis auf wenige Ausnahmen erfolgt in den meisten Branchen erst die Leistung und dann, zu einem späterem Zeitpunkt, die Zahlung vom Abnehmer der Leistung (◻ Abb. 5.5).

Die Gründe dafür sind im Krankenhaus ebenfalls offensichtlich. Die Rechnung für eine Leistung wird erst geschrieben, dann beim Empfänger bearbeitet und gegebenenfalls vom Medizinischen Dienst der Krankenversicherung (MDK) geprüft. Erst dann erhält das Krankenhaus für seine erbrachten Leistungen Geld. In der Zwischenzeit hat das Krankenhaus selbst Lieferanten und seine Mitarbeiter zu bezahlen. Selbst für den Fall, dass mit der erbrachten Leistung mehr Ertrag als Aufwand (Rentabilität) erwirtschaftet wurde, wird dies einem wenig Freude bereiten, wenn am Ende des Monats kein Geld zur Verfügung steht, um die Mitarbeiter zu entlohnen. Wenn in solch einem Fall nicht kurzfristig ein Geldgeber zur Verfügung steht, droht im Extremfall das Insolvenzverfahren, obwohl mit der erbrachten Leistung Geld verdient worden ist.

Neben der Liquidität, die jederzeit und

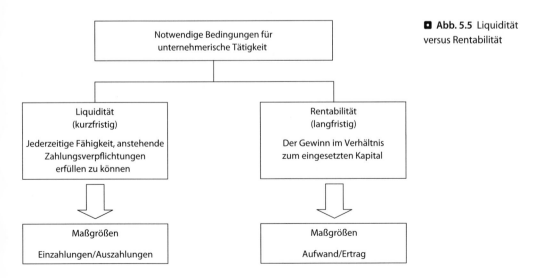

◻ **Abb. 5.5** Liquidität versus Rentabilität

$$\text{Eigenkapitalrentabilität} = \frac{\text{Gewinn}}{\text{Eigenkapital}}$$

$$\text{Umsatzrentabilität} = \frac{\text{Gewinn}}{\text{Umsatz}}$$

$$\text{Gesamtkapitalrentabilität} = \frac{\text{Gewinn}}{\text{Gesamtes Kapital}}$$

**Abb. 5.6** Eigen-, Umsatz- und Gesamtkapitalrentabilität

kurzfristig sichergestellt sein muss, ist die **Rentabilität** ein Ziel, welches mittel- bis langfristig im Vordergrund steht. Allgemein wird unter Rentabilität die Verzinsung des eingesetzten Eigenkapitals innerhalb eines Wirtschaftsjahres verstanden. Daher wird auch der Begriff »Eigenkapitalrentabilität« verwendet. Daneben ist es auch üblich, den Gewinn ins Verhältnis zu anderen Größen zu stellen, beispielsweise zum Umsatz oder zum gesamten in der Bilanz ausgewiesenen Kapital. In diesen Fällen wird von »Umsatzrentabilität« bzw. »Gesamtkapitalrentabilität« gesprochen (Abb. 5.6).

Ein sehr schönes Zitat zur Bedeutung des Gewinnes (und damit auch zur Rentabilität), das auf viele Unternehmen zutrifft, insbesondere auf sozialtätige Unternehmen, stammt von Hermann Josef Abs (ein bedeutender Bankier) und lautet:

»Gewinn ist notwendig, wie Luft zum Atmen, aber es wäre schlimm, wenn wir nur wirtschaften würden, um Gewinn zu machen, wie wenn es schlimm wäre, wenn wir nur leben würden, um zu atmen.«

# Controlling und Kennzahlen

Ein Mann fährt in einem Heißluftballon und bemerkt, dass er die Orientierung verloren hat. Er reduziert seine Höhe und macht schließlich einen Mann am Boden aus. Er lässt den Ballon noch weiter sinken und ruft: »Entschuldigung, können Sie mir helfen? Ich versprach meinem Freund, ihn vor einer halben Stunde zu treffen, aber ich weiß nicht, wo ich mich befinde.« Der Mann am Boden antwortet: »Sie befinden sich in einem Heißluftballon! Ihre Position ist 40 Grad nördliche Breite und 60 Grad westliche Länge.« »Sie müssen Controller sein«, sagt der Ballonfahrer. »Bin ich«, antwortet der Mann am Boden, »aber woher wissen Sie das?« »Sehen Sie«, sagt der Ballonfahrer, »alles, was sie mir gesagt haben, ist rechnerisch korrekt, aber ich habe keine Ahnung, was ich mit Ihren Informationen anfangen soll, und ich weiß immer noch nicht, wo ich bin.« Der Controller sagt darauf: »Sie müssen ein Manager sein.« »Bin ich«, antwortet der Ballonfahrer, »aber wie kommen Sie darauf?« »Sehen Sie«, sagt der Controller, »Sie wissen nicht, wo Sie sind oder wohin Sie gehen. Sie haben ein Versprechen gegeben, von dem Sie keine Ahnung haben, wie Sie es einhalten können, und Sie erwarten, dass ich für Sie dieses Problem löse. Tatsache ist: Sie befinden sich in exakt derselben Position, in der Sie waren, bevor wir uns getroffen haben, aber irgendwie ist jetzt alles meine Schuld.«

## 6.1    »Who is who« im Controlling?

Obwohl das englische Wort »Controlling« dem deutschen »Kontrollieren« auf den ersten Blick sehr ähnlich scheint, ist doch ein gravierender Unterschied auszumachen: Controlling bedeutet eben nicht nur »Kontrollieren«, sondern im Wesentlichen »Steuern«. So ist »das Control-

ling«, wenn es eine solche Stelle oder Abteilung gibt, als Führungssystem zu verstehen, die auf unterschiedlichste Kennzahlen zurückgreift. Wir werden im zweiten Teil dieses Kapitels auf diese Kennzahlen zurückkommen.

Vordergründig unterscheidet sich ein Krankenhaus-Controlling nicht von einem Controlling in einem Handels- oder Industrieunternehmen. Das **Controlling** ist für die betriebswirtschaftliche Bereitstellung aller notwendigen Informationen zur Planung, Steuerung und Kontrolle des Krankenhauses verantwortlich. Die dafür zuständige Organisationseinheit ist mehrheitlich mit betriebswirtschaftlich ausgebildeten Mitarbeitern ausgestattet.

Traditionell ist die Kostenrechnung (▶ Kap. 5) die Hauptaufgabe des Controllings, ein Schwerpunkt des Controllings in deutschen Krankenhäusern liegt entsprechend in der Beschaffung und Verarbeitung von Kosteninformationen sowie von allgemeinen Informationen über die erbrachten Leistungen. Controller überwachen mithilfe von Kennzahlen die Zielerreichung, erstellen auf ihrer Basis eine Planung und sind somit eine wichtige Ergänzung des Managements. Das Controlling soll allen am Zielprozess beteiligen Instanzen Instrumente und Informationen zur Verfügung stellen, damit sie ihre jeweilige Rolle wahrnehmen können. Controller müssen daher sehr eng mit allen Organisationseinheiten zusam-

---

**Hauptaufgaben des Controllings**
- Mitwirkung bei der Planung bzw. die Umsetzungsplanung
- Überwachung der angestrebten Ziele
- Information aller wesentlichen Teilnehmer über den aktuellen Zielerreichungsgrad
- (Gegen-)Steuerung im Rahmen der Zielerreichung

menarbeiten, die einen Einfluss auf Kosten und Erlöse haben.

Die Aktivitäten des Controllings lassen sich aufgrund ihres zeitlichen Horizontes in ein operatives und ein strategisches Controlling unterschieden. Das **operative Controlling** ist dabei das »Brot-und-Butter-Geschäft« des Controllers. Auf der Basis von Kennzahlen(-systemen) wird die Zielerreichung eines eher kurzfristigen Zeithorizontes überwacht und gesteuert. Der Zeithorizont erstreckt sich meist auf Monate, Quartale oder maximal das aktuelle Jahr. Die Überwachung besteht aus der Kontrolle der aufgestellten Planungen und dem Grad der Zielerreichung. Dies ist ein kontinuierlicher Prozess. (Sonst hätte ein Controller ja auch nur am Anfang und am Ende des Prozesses Beschäftigung.) Eine weitere wichtige, ergänzende Aufgabe ist die Suche nach den Gründen für mögliche Abweichungen des Ist-Zustandes von der Soll-Planung. Der Controller sucht Antworten auf die Fragen »Warum machen wir Verluste, obwohl ein Gewinn geplant war?« oder »Welcher Bereich ist für die schlechte Auslastung verantwortlich?«. Wie schon in dem Beispiel mit dem Heißluftballon beschrieben, macht man sich damit nicht immer beliebt.

Das **strategische Controlling** hingegen ist langfristiger angelegt: Die Hauptaufgabe liegt darin, zukünftige Ziele zu identifizieren, zu definieren und die Strategie zur Erreichung der Ziele festzulegen. So gesehen ist dies eine Aufgabe, die man eigentlich dem Management zuordnen würde, das aber in dieser Hinsicht gerne auf die Vorarbeit der Controller zurückgreift. Das strategische Controlling wird vielfach von den Veränderungen im Markt oder im Krankenhaus auch von politischen Änderungen getrieben. Häufig sieht sich das Controlling mit folgenden Fragen konfrontiert: »Wie würden sich diese Änderungen auswirken?« oder »Sol-

len wir den ambulanten Markt ausbauen, und welche Chancen haben wir damit?«

Strategisches und operatives Controlling ergänzen sich gegenseitig und können nicht unabhängig voneinander agieren. Eine langfristige Planung wird durch den derzeitigen Ist-Zustand determiniert, und umgekehrt dürfen kurzfristige Ziele nicht das langfristige Ziel aus den Augen verlieren.

Nun aber zu dem Teil des Controllings, der Ihnen bekannter vorkommen dürfte: In einem Krankenhaus findet sich in der Regel neben dem Controlling noch eine Organisationseinheit, die als »Medizin-Controlling« bezeichnet wird. Diese befasst sich mit der medizinischen Struktur-, Prozess- und Ergebnisqualität, was fundierte und idealerweise auch praktische medizinische Kenntnisse voraussetzt. Da ist es nicht überraschend, dass die meisten Medizin-Controller in ihrem früheren Leben als Mediziner tätig waren und dann eine Controlling-spezifische Zusatzausbildung genossen haben. Erst die Zusammenführung der medizinischen Prozessinformationen mit den oben erwähnten, an kostenorientierten Informationen ermöglicht dann eine umfassende betriebswirtschaftliche Steuerung.

Medizin-Controller beeinflussen maßgeblich die Erlöse eines Krankenhauses durch die Bestimmung der abrechenbaren DRGs. Das Medizin-Controlling unterstützt den Medizinischen Dienst der Krankenversicherung (MDK) bei seinen Prüfungen und versucht den Verlauf dieser beliebten Prüfungen durch eine möglichst nachvollziehbare Dokumentation positiv zu beeinflussen. Um die gestellten Aufgabe erfüllen zu können, sollten Medizin-Controller in allen angrenzenden Bereichen Kenntnisse vorweisen können: Die Kenntnis der rechtlichen Grundlagen für die Abrechnung der erbrachten Leistungen ist wesentlich, praktische Erfahrungen und Kenntnisse der medizinischen Prozesse sowie fundierte EDV-Kenntnisse helfen ebenfalls bei der Tätigkeit eines Medizin-Controllers.

Die Tatsache, dass Mitarbeiter aus der originären Leistungserstellung eines Unternehmens beim Controlling der Prozesse des Unternehmens notwendig sind, ist aber keine besondere Erscheinung des Gesundheitswesens. So sind z. B. in der Automobilherstellung (Wirtschafts-)Ingenieure im Controlling der Produktion ebenso weit verbreitet wie Medizin-Controller im Krankenhaus.

## 6.2 Wie lässt sich mit Kennzahlen steuern?

### 6.2.1 Die Kennzahl

In der Betriebswirtschaft ist häufig die Rede von Kennzahlen. Aber was sind denn eigentlich diese Kennzahlen? Stehen sie fest, oder sind sie frei wählbar? Welche Anforderungen muss eine Kennzahl erfüllen, um ernst genommen zu werden? Viele von Ihnen arbeiten bereits mit den unterschiedlichsten Kennzahlen, und selbst in den Nachrichten lesen wir ständig von Kennzahlen: Zeit also für eine kurze Definition und Einführung.

Kennzahlen sind, grob gesagt, Standardmaßeinheiten. Vermögen in Euro ist eine Kennzahl für Reichtum, der Preis eines Big Macs in verschiedenen Ländern kann als Maß für die Kaufkraft des jeweiligen Landes angesehen (der so genannte Big-Mac-Index) werden. Kennzahlen sind grundsätzlich quantitative Informationen in einem bestimmten (Problem-)Zusammenhang. Sie sollen Sachverhalte quantifizieren und damit vergleichbar machen. Anders ausgedrückt, dienen sie dazu, das Erreichen von gesetzten Unternehmenszielen zu überwachen und zu messen. Weitere Anforderungen an Kennzahlen sind, dass sie die Realität sinnvoll beschreiben und eindeutig

zu bestimmen sind. Veränderungen müssen rasch sichtbar werden, und Kennzahlen sollten auch im Zeitablauf vergleichbar sein, d. h. von sich ändernden Rahmenbedingungen unabhängig sein. Sie können dabei jederzeit selbst definiert und etabliert werden, allerdings gibt es eine ganze Reihe von etablierten Kennzahlen, die auch den externen Vergleich ermöglichen. Denn was nützt die schönste Kennzahl, wenn andere Unternehmen, mit denen man sich vergleichen möchte (bzw. mit denen andere einen vergleichen wollen), komplett andere »Messwerte« erheben und somit jede Vergleichbarkeit dahin ist. In der Betriebswirtschaft werden Kennzahlen in allen Funktionsbereichen eines Unternehmens verwendet, angefangen im Einkauf über den Produktionsprozess, bis zu den Kennzahlen des Internen und des Externen Rechnungswesens.

Kennzahlen lassen sich nach verschiedenen Kategorien systematisieren. Wichtige Kategorien sind die Unterteilung in absolute Kennzahlen und relative Verhältniskennzahlen sowie der Bezug auf einen Zeitpunkt oder einen Zeitraum. Darüber hinaus gibt es noch eine Menge weiterer Kategorien zur Einordnung von Kennzahlen, diese würden hier aber zu weit führen.

Nun aber von der Theorie zur Praxis: Als Beispiele für absolute Kennzahlen lassen sich Kosten in Euro, Anzahl OPs, Anzahl Patienten usw. nennen. Ein Beispiel für eine relative Kennzahl ist die bereits erwähnte Eigenkapitalrendite, die lediglich ein Gewinnverhältnis wiedergibt.

Warum erfreuen sich Rentabilitätskennzahlen in der Betriebswirtschaftslehre solch einer Beliebtheit? Warum wird nicht der absolute Gewinn verglichen? Der Grund ist, dass relative Kennzahlen in den meisten Fällen aussagekräftiger sind. So lässt sich der Gewinn (oder oft Verlust) eines Krankenhauses mit 300 Betten nur bedingt mit dem Gewinn eines Krankenhauses mit 600 Betten vergleichen. Analog verhält es sich, wenn man die Anzahl der durchgeführten OPs oder die der behandelten Patienten vergleicht. Diese absoluten Leistungskennzahlen sind ebenfalls im Verhältnis zur Größe des Krankenhauses oder der Fachabteilung zu sehen. Übliche relative Kennzahlen sind in diesem Zusammenhang die Anzahl der OPs bzw. die Anzahl Patienten im Verhältnis zur Anzahl der Ärzte oder – allgemeiner – der Mitarbeiter.

Bezogen auf die Eigenkapitalrentabilität, lässt sich nun zwar einwenden, dass diese nur bedingt etwas über die Größe des Unternehmens aussagt. Rentabilitäten, unabhängig davon, ob es sich um Eigenkapital- oder Umsatzrentabilitäten handelt, setzen den Gewinn ins Verhältnis zu einer anderen Größe. Diese ist in unserem Beispiel halt das Eigenkapital oder der Umsatz. Was soll man sich unter diesen Kennzahlen vorstellen? Fangen wir mit dem einfacheren Umsatz an. Die **Umsatzrentabilität** meint nichts anderes als den Gewinn je Euro Umsatz in Prozent. Bei 5% Umsatzrentabilität bedeutet dies, dass von 100 € Umsatz am Ende des Jahres 5 € Gewinn übrig bleiben.

Zur Erklärung der **Eigenkapitalrentabilität** sollten wir uns noch einmal verdeutlichen, was unter Eigenkapital verstanden wird: Ein Unternehmen finanziert sich zum einen durch externe Kapitalgeber, wie beispielsweise Banken. Dies wird als Fremdkapital bezeichnet, für das auch Zinsen an den Kapitalgeber zu bezahlen sind. Das Eigenkapital setzt sich v. a. aus Mitteln zusammen, die die Gesellschafter, d. h. die Eigentümer, dem Unternehmen direkt zur Verfügung gestellt haben, bzw. aus Gewinnen in der Vergangenheit, die dem Unternehmen von den Gesellschaftern nicht entzogen worden sind.

Rechnerisch lässt sich das Eigenkapital auch ermitteln, indem man die Summe aller Schulden von dem Wert aller Vermögensgegenstände (Gebäude, Grundstücke, Maschinen, Vorräte usw.) subtrahiert. Es ist das Kapital, welches dem Unternehmen »originär« gehört. Die Eigenkapitalrentabilität ist demnach die Verzinsung des vom Eigentümer eingesetzten Kapitals. Warum ist dies so wichtig? Den Eigentümern eines Unternehmens, den Gesellschaftern oder Aktionären, ermöglicht es eine Aussage darüber, wie viel Euro sie pro Jahr bekommen für ihr Geld, welches sie in das betreffende Unternehmen investiert haben. Sie bekommen ja nicht wie bei einem Kredit eine im Vorfeld festgelegte Verzinsung. Rentabilitätskennzahlen erlauben, weil es relative Kennzahlen sind, keine Aussagen über die Größe eines Unternehmens. Für solch eine Fragestellung würden absolute Kennzahlen, wie Bilanzsumme oder der Umsatz, die Größe eines Unternehmens viel treffender beschreiben.

Die Aussage einer Kennzahl ist, für sich alleine genommen, nicht immer aussagekräftig und manchmal sogar irreführend. Dies lässt sich an den bereits beschriebenen Kennzahlen verdeutlichen. Wenn einzelne Kennzahlen isoliert »optimiert« werden sollen, besteht die Gefahr, dass die Wechselwirkung zu anderen Kennzahlen vernachlässigt wird. Schauen wir uns dies am Beispiel des Umsatzes und der Umsatzrentabilität an.

Jede Kennzahl hat, für sich genommen, ihre Berechtigung, und es kann auch sinnvoll sein, die einzelnen Kennzahlen zu verbessern. Wenn es die Aufgabe des Managements ist, den Umsatz zu erhöhen, kann dies beispielsweise durch einen höheren Absatz aufgrund besserer Produkte oder eines verstärkten Marketings erfolgen. Was ist aber ceteris paribus die Folge? Durch die Produktverbesserung steigen sowohl die Kosten als auch die Marketing-Ausgaben – und der Gewinn pro Produkt reduziert sich. Dies bedeutet, dass einerseits der Umsatz planungsgemäß steigt, andererseits die Umsatzrentabilität aber sinkt, da sich der Gewinn je Produkt ja reduziert hat. Dieser Weg kann sinnvoll sein, wenn beispielsweise Marktanteile gewonnen werden sollen. Umgekehrt kann – wenn die Aufgabe lautet, die Umsatzrentabilität zu erhöhen – bei konstanten Kosten und erhöhten Preisen der Gewinn und damit die Rendite pro Produkt erhöht werden. Je nach Erhöhung des Preises kann es zu einer Reduzierung des Gesamtumsatzes kommen.

---

**Beispiel**

Wenn ein Restaurant für das gleiche Gericht 5 € mehr verlangt, erhöhen diese 5 € (bei unterstellten konstanten Kosten) den Gewinn pro Gericht. Sollten aufgrund dieser Preiserhöhung weniger Gäste kommen, kann sich der Gesamtumsatz des Restaurants reduzieren, bei einer gleichzeitigen Steigerung der Umsatzrentabilität.

---

Es wird deutlich, dass bei der Betrachtung und der isolierten Optimierung einzelner Kennzahlen immer Obacht geboten sein sollte. Kennzahlen über verschiedene Rentabilitäten sowie über die Größe von Unternehmen sollten besser zusammengefügt werden und letztlich ein in sich schlüssiges Bild ergeben.

Aus diesem Grund sollte ein bestimmter Sachverhalt immer durch mehrere Kennzahlen beschrieben werden. Im Idealfall steht ein komplettes System aufeinander aufbauender Kennzahlen zur Verfügung, ein so genanntes **Kennzahlensystem.** Eines der bekanntesten Kennzahlensysteme in der Betriebswirtschaftslehre ist das nach der Firma, die es entwickelt hat, benannte Du-Pont-Schema. Dieses Kennzahlensystem wurde vor mehr als 80 Jahren entwickelt und erfreut sich auch heute noch großer Beliebtheit.

Als oberste Zielkennzahl wird im Du-Pont-Schema die Gesamtkapitalrentabilität festgelegt. Das Gesamtkapital ist die Summe des Eigen- und Fremdkapitals, d. h. alle finanziellen Mittel, die von den Eigentümern oder den Banken dem Unternehmen zur Verfügung gestellt worden sind. Die Gesamtkapitalrendite gibt an, welche prozentuale Rendite das eingesetzte Gesamtkapital erwirtschaftet hat. Da das Du-Pont-Schema aus den Vereinigten Staaten kommt, bezeichnet man die Gesamtkapitalrentabilität als **Return on Investment** (ROI, ◘ Abb. 6.1).

Der Vorteil eines Kennzahlensystems und damit auch des Du-Pont-Schemas ist, dass die einzelnen Bestandteile der Zielkennzahl aufgeteilt werden können und somit die Überwachung der einfließenden Variablen ermöglicht wird. Die Wechselwirkung bei der Veränderung einer Kennzahl mit der Zielkennzahl kann transparent und deutlich gemacht werden (◘ Abb. 6.2).

Neben dem Du-Pont-Schema existieren noch eine Reihe weiterer Kennzahlensysteme. Exemplarisch seien hier noch das ZVEI-Kennzahlensystem und das RL-Kennzahlensystem erwähnt. Das Prinzip ist aber immer gleich: Eine festgelegte Zielkennzahl wird in weitere Kennzahlen zerlegt, um so die Abhängigkeiten der einzelnen Kennzahlen darzustellen.

Nach der Bildung und Ermittlung einer Kennzahl stellt sich natürlich zwangsläufig die Frage, wie der Wert der Kennzahl zu interpretieren ist. Ist eine Eigen- oder Gesamtkapitalrendite von beispielsweise 4% als gut oder schlecht zu bewerten? Analog stellt sich die Frage, wie eine bestimmte Anzahl von behandelten Patienten pro Arzt oder Mitarbeiter einer Fachabteilung zu bewerten ist. Die Antwort hierauf ergibt sich durch ein Benchmarking.

$$\text{Gesamtkapitalrentabilität} = \text{Return on Investment (ROI)} = \frac{\text{Gewinn}}{\text{Gesamtes Kapital}}$$

◘ **Abb. 6.1** Die Gesamtkapitalrentabilität bzw. Return on Investment (ROI)

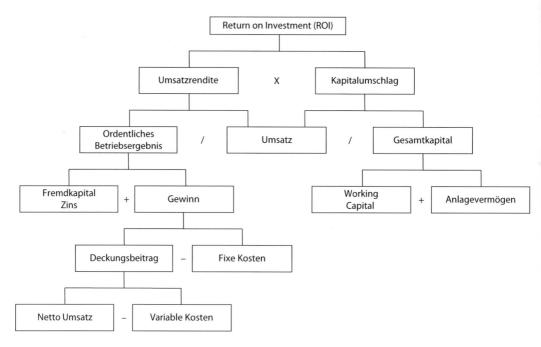

**◘ Abb. 6.2** Das Du-Pont-Schema

### 6.2.2 Benchmarking – Messen mit dem Besten

Zur Beurteilung von Kennzahlen ist das Benchmarking eine sehr beliebte Management-Technik. Das Benchmarking wurde erst im 20. Jahrhundert vom Kopiergerätehersteller Xerox® entwickelt. Ein für den Bereich Logistik verantwortlicher Mitarbeiter dieser Firma veröffentlichte zum Benchmarking das erste Standardwerk, einen Artikel mit dem Titel »Benchmarking: The search for industry best practices that lead to superior performance«.

Der Kopiergerätehersteller erkannte Ende der 70er Jahre des vergangenen Jahrhunderts, dass die eigenen Produktionskosten bereits höher waren als die Verkaufspreise von japanischen Wettbewerbern. Mitarbeiter zerlegten daraufhin die Geräte dieses Wettbewerbers und analysierten, wie es ihnen gelang, qualitativ gleichwertige Produkte zu einem wesentlich günstigen Preis anbieten zu können.

Auch heute versteht man Benchmarking immer noch als den Vergleich mit dem »Klassenbesten«, was als »best practice« bezeichnet wird (◘ Abb. 6.3). Dabei kann das Grundprinzip folgendermaßen beschrieben werden: Es werden mindestens zwei Sachverhalte einander gegenübergestellt und auf qualitative und quantitative Unterschiede hin untersucht. Bewertet werden können dann beispielsweise Produkte, Prozesse und Funktionen.

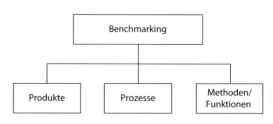

**◘ Abb. 6.3** Benchmarking-Objekte

Ein Beispiel für das Benchmarking von Produkten ist das bereits erwähnte Kopiergerät. Viel interessanter ist aber das Benchmarking von Prozessen. Verdeutlichen wir uns beispielsweise den Prozess bei der administrativen Aufnahme von Patienten.

**Beispiel**

Warum benötigt ein Krankenhaus zehn Minuten länger für eine Aufnahme als das Krankenhaus mit der »best practice«? Wie sollte der Prozess geändert werden, um möglichst nahe an die »best practice« heranzukommen? Wobei es nicht unbedingt erforderlich ist, die »best practice« in der eigenen Branche zu suchen. So können gegebenenfalls die Prozesse in der Organisationseinheit »Einkauf« eines Krankenhauses etwas von den Prozessen derselben Organisationseinheit eines Automobilherstellers lernen. Bei dem letzten Objekt, den Methoden/Funktionen, werden Funktionen analysiert, die in der Regel auch durch die Aufbauorganisation eines Unternehmens widergespiegelt werden, z. B. Marketing, Personalmanagement oder Controlling. Im Rahmen eines Benchmarking-Projektes werden dann die Effizienz dieser Strukturen sowie ihr Beitrag zum Gesamterfolg des Unternehmens geprüft und bewertet.

Mit der Umstellung des Vergütungssystems auf die DRG eröffnen sich im deutschen Krankenhauswesen derzeit neue Chancen im »Benchmarking«. Weil diese Möglichkeit zur Bildung von Vergleichskennzahlen nur Krankenhäusern zur Verfügung steht, wollen wir auf sie ein wenig ausführlicher eingehen. Der Begriff des Benchmarking ist in diesem Zusammenhang wenige Zeilen höher bewusst in Anführungsstrichen gesetzt. Es handelt sich dabei nämlich nicht um Benchmarking im Sinne von »best practice«, sondern um einen Vergleich mit Kennzahlen, die den Durchschnitt wiedergeben – ein Vergleich mit der »average practice« sozusagen.

Zur Kalkulation der DRGs werden dem InEK umfangreiche Daten von einzelnen Krankenhäusern zur Verfügung gestellt. Diese Krankenhäuser werden als »Kalkulationshäuser« bezeichnet. Für jedes Kalenderjahr werden diese Daten in aggregierter Form veröffentlicht. Ergänzend werden die standardisierten medizinischen Leistungs- und Strukturdaten der Krankenhäuser, die unter das Krankenhausentgeltgesetz fallen, in aggregierter Form veröffentlicht, als so genannte Begleitforschung (◘ Abb. 6.4).

Das InEK soll in der Begleitforschung eine Untersuchung zu den Auswirkungen des neuen Vergütungssystems, insbesondere zur Veränderung der Versorgungsstrukturen, durchführen, was allerdings derzeit noch nicht vollständig

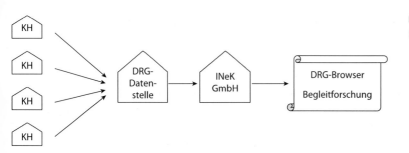

◘ **Abb. 6.4** Der Weg der DRG-Daten

realisiert ist. Zunächst werden Krankenhäuser verpflichtet, einen festgeschriebenen Datensatz an die DRG-Datenstelle zu versenden. Die Datenstelle leitet die gesammelten Daten weiter an das InEK, welches dann die Auswertungen vornimmt.

Aus der Sicht des Controllings ist von besonderem Interesse, dass neben den medizinischen Leistungs- und Strukturdaten von den »Kalkulationskrankenhäusern« auch Daten zu den entstandenen Kosten zur Verfügung gestellt werden. Die ermittelten Kosten werden nach Kostenarten und Kostenstellen aufgeteilt veröffentlicht. Die Kalkulation der Kosten basiert auf dem vom InEK zur Verfügung gestellten Kalkulationshandbuch, das in allgemein verständlicher Sprache und mit vielen Beispielen versehen die Methodik zur Kalkulation der Kosten eines stationären Patienten im Krankenhaus beschreibt. Mithilfe der auf diese Weise erzielten Kalkulationsergebnisse erfolgt die Pflege und Weiterentwicklung des DRG-Systems.

Wie bereits erwähnt, wird bei der Zurechnung von Kosten auf den Kostenträger zwischen Einzelkosten und Gemeinkosten unterschieden. Einzelkosten werden für teure Sachgüter entsprechend dem für den einzelnen Behandlungsfall dokumentierten Verbrauch mit den Anschaffungskosten bewertet. Bei den Kostenstellen werden indirekte Kostenstellen, die keine Leistungen am Patienten erbringen, von direkten Kostenstellen, welche Leistungen unmittelbar für Patienten erbringen, unterschieden. Als Ergebnis ergibt sich pro DRG eine Kostenmatrix, bei der in der Vertikalen die definierten Kostenstellen und in der Horizontalen die Kostenarten abgebildet werden (◘ Tab. 6.1).

Zur Erinnerung: Es handelt sich dabei um die durchschnittlichen Kosten der Kalkulationskrankenhäuser für eine DRG. Dieser Vergleichswert pro DRG kann auf das individuelle Leistungsprogramm eines Krankenhauses oder einer Fachabteilung angewendet werden. Im Ergebnis kann solch eine Kostenmatrix dann für eine Fachabteilung oder ein gesamtes Krankenhaus erstellt werden.

Dadurch ergibt sich eine Vergleichsmöglichkeit der Kostenstrukturen des eigenen Krankenhauses. Die Vorteile des Verfahrens sind
- die öffentliche Verfügbarkeit der Daten,
- die jährliche Aktualität der Daten.

Die Genauigkeit der Daten wird mit der steigenden Anzahl der Kalkulationshäuser zunehmen. Von der Überzeugungskraft der Vergleichskennzahlen haben die Daten des InEK einen wesentlichen Vorteil gegenüber anderen im Krankenhaus verwendeten Vergleichskennzahlen. Es ist die Basis für die Kalkulation der DRGs, also der Vergütung für die stationäre Krankenhausversorgung. Vielfach zweifeln Mitarbeiter, die mit Vergleichskennzahlen konfrontiert werden, die Zahlen mit der Begründung an, dass sie in ihrem »individuellen und speziellen« Fall nicht gelten. Dieser Argumentation kann bei der Kostenmatrix dadurch entgegengetreten werden, dass bei einer wirtschaftlichen Leistungserstellung zumindest die Summe der Matrix – bezogen auf das gesamte Krankenhaus – nicht überschritten werden darf. Trotz der positiven Aspekte und der Möglichkeiten der Kostenmatrix ergeben sich vielfältige Schwierigkeiten und Ungenauigkeiten, die bei der Interpretation der Matrix immer zu berücksichtigen sind, insbesondere die Abgrenzung der Kosten für den ambulanten und den stationären Bereich. Was haben die Kalkulationshäuser (wirklich) als ambulante und stationäre Kosten abgegrenzt, und wie sollte das Vergleichshaus die Kosten abgrenzen?

Der individuelle Grad des Outsourcings von Leistungen ist bei einem Vergleich einzelner Kostenstellen zu berücksichtigen. So wird beispielsweise der in einem Krankenhaus an-

◘ Tab. 6.1 Beispiel: Kostenmatrix einer Fachabteilung (PK = Personalkosten; SK = Sachkosten; EK = Ist-Verbrauch Einzelkostenzuordnung)

| | PK ärztlicher Dienst | PK Pflegedienst | PK med. techn. Dienst/ Funktionsdienst | SK Arzneimittel | SK Arzneimittel EK | SK Implantate Transplantate | Sachkosten übriger med. Bedarf | Sachkosten übriger med. Bedarf EK | Personal und Sachkosten med. Infrastruktur | Personal und Sachkosten nicht med. Infrastruktur |
|---|---|---|---|---|---|---|---|---|---|---|
| Normalstation | 1.158.854 € | 2.875.984 € | 277.285 € | 258.934 € | 12.524 € | 0 € | 227.789 € | 35.894 € | 442.180 € | 1.779.739 € |
| Intensivstation | 81.741 € | 220.563 € | 11.840 € | 35.436 € | 2.555 € | 80 € | 33.061 € | 3.140 € | 17.731 € | 79.221 € |
| OP-Bereich | 939.527 € | 0 € | 948.257 € | 53.737 € | 9.954 € | 1.356.079 € | 661.315 € | 94.141 € | 306.425 € | 492.082 € |
| Anästhesie | 693.829 € | 0 € | 512.840 € | 60.185 € | 540 € | 0 € | 172.378 € | 2.079 € | 74.726 € | 148.157 € |
| Kreißsaal | 20 € | 0 € | 30 € | 2 € | 0 € | 0 € | 4 € | 0 € | 2 € | 8 € |
| Diagnostik/ Therapie | 3.631 € | 0 € | 4.296 € | 221 € | 11 € | 2.052 € | 2.349 € | 1.177 € | 1.034 € | 1.730 € |
| Diagnostik/ Therapie | 5.164 € | 0 € | 5.620 € | 291 € | 2 € | 191 € | 2.144 € | 221 € | 1.892 € | 2.262 € |
| Radiologie | 109.792 € | 0 € | 167.589 € | 2.889 € | 58 € | 2.446 € | 73.768 € | 21.309 € | 65.720 € | 90.058 € |
| Laboratorien | 28.725 € | 0 € | 146.294 € | 11.685 € | 80.797 € | 0 € | 102.845 € | 18.826 € | 13.123 € | 47.313 € |
| diagnostische und therapeutische | 95.520 € | 7.114 € | 407.351 € | 3.727 € | 248 € | 808 € | 44.764 € | 7.729 € | 30.428 € | 192.066 € |

gestellte Radiologe unter den Personalkosten des Ärztlichen Dienstes zu finden sein. Bezieht das Krankenhaus Leistungen von einer Praxis, handelt sich um Sachkosten. Ähnlich verhält es sich bei weiteren Bereichen, die von einigen Krankenhäusern nicht mehr selbst vorgehalten werden. Dies erschwert den Vergleich von Kostenstellen.

Die Zuordnung der Personalkosten der unterschiedlichen Dienstarten ist nicht immer einheitlich. Die Personalkosten des Ärztlichen Dienstes sind noch einfach zu bestimmen, die Zuordnung der Personalkosten in die verschiedenen Bereiche Pflege und Funktionsdienst sind nicht immer einheitlich. Auch dies erschwert einen Vergleich von Kostenstellen.

Die Organisation zwischen verschiedenen Kliniken wird nicht berücksichtigt: Leistungen, die in den Kalkulationshäusern vom Ärztlichen Dienst erbracht werden, sind in eben diesen Kosten abgebildet. Der Bezug auf ein Haus, das die gleiche Leistung mit Pflegepersonal erbringt, würde Äpfel mit Birnen vergleichen.

Auch aus diesen Gründen sollte ein Vergleich nicht undifferenziert mit einer Kostenmatrix vorgenommen werden. Dennoch können Bereiche in einem Krankenhaus identifiziert werden, die teurer sind als das Vergleichsobjekt, der Durchschnitt der Kalkulationskrankenhäuser.

## 6.3  Strategisches Controlling: Beispiel »Balanced Scorecard« (BSC)

Zu Anfang der 90er Jahre erkannten die beiden Amerikaner Kaplan und Norton die Defizite der klassischen herkömmlichen Kennzahlensysteme, wie z. B. des vorgestellten Du-Pont-Schema, welche sich v. a. auf rein finanzielle und kurzfristige Kennzahlen konzentrieren.

Finanzielle Kennzahlen beruhen meist auf Daten der Vergangenheit, es wird kein Bezug zur Zukunft hergestellt und keine Anregung gegeben, wie Kennzahlen positiv beeinflusst werden können. Kaplan und Norton entwickelten deshalb im Rahmen eines Studienprojektes von Wissenschaftlern und Praktikern ein neuartiges Kennzahlensystem zur Umsetzung von Strategien, die »Balanced Scorecard« (BSC). Seit der ersten Veröffentlichung 1992 im »Harvard Business Review« hat sich dieses Instrument zu einem in vielen Bereichen und Branchen eingesetzten betriebswirtschaftlichen Ansatz entwickelt. In größeren Krankenhäusern bzw. bei Trägern mit mehreren Krankenhäusern ist es auch schon anzutreffen.

Das Streben eines Managements, finanzielle Kennzahlen kurzfristig zu verbessern, führt in extremen Fällen dazu, dass Investitionen, die erst in (mittel- bis langfristiger) Zukunft Erfolg versprechen und die kurzfristigen Kennzahlen verschlechtern, unter Umständen unterlassen werden. Auch der Umstand, dass Unternehmen sich permanent an sich ständig verändernden Gegebenheiten des Marktes anpassen müssen, führt dazu, dass Kennzahlen im Zeitablauf nicht immer vergleichbar sind. Immaterielles Unternehmensvermögen, wie die besonderen Fähigkeiten der Mitarbeiter, die exzellente Beherrschung von Prozessen und der aufgebaute Kundenstamm werden in »normalen« finanziellen Kennzahlensystemen nicht berücksichtigt. Aber gerade diese besonderen Kennzeichen eines Unternehmens gewährleisten unter veränderten und schwierigen Marktbedingungen den langfristigen Erfolg eines Unternehmens.

> **Definition**
>
> Die **»Balanced Scorecard« (BSC)** ist ein Instrument, um die wichtigsten Perspektiven einer Organisation, nämlich Kunden, Finanzen, Prozesse, Entwicklung, anhand von Kennzahlen darzustellen. Der Vorteil zeigt sich in der verbesserten Steuerung und Implementierung von Strategien in Unternehmen.

Die verschiedenen Dimensionen der BSC werden dabei auf die Vision und die Strategie des Unternehmens ausgerichtet (◻ Abb. 6.5). Die BSC betrachtet das Unternehmen aus den in der Abbildung gezeigten vier Perspektiven. Für jede dieser Perspektiven werden Ziele definiert und mit Kennzahlen kontrolliert. Um die Ziele zu erreichen, werden bereits Vorgaben und Maßnahmen festgelegt. Die Inhalte der einzelnen Perspektiven werden wir kurz im Einzelnen vorstellen.

### Finanzperspektive

Die Finanzperspektive ist die in Unternehmen hervorgehobene Perspektive, denn nur wenn die Ziele dieser Perspektive realisiert werden, kann das Unternehmen langfristig existieren und Erfolg haben. Es müssen alle weiteren Dimensionen ihren Beitrag zur Erreichung der finanzwirtschaftlichen Kennzahlen leisten. Es lassen sich zwei Oberziele definieren, die bei der finanzwirtschaftlichen Perspektive zu erreichen sind:

- Geld verdienen,
- die Verdienstquelle sichern.

Ersteres kann durch (uns bereits gut bekannte) Eigenkapitalrentabilität ausgedrückt werden.

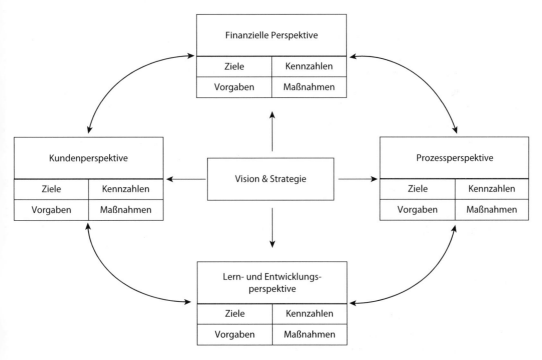

◻ **Abb. 6.5** »Balanced Scorecard« (BSC)

Letzteres, die Sicherheit der Verdienstquelle, lässt sich durch die Höhe des Eigenkapitals ausdrücken. In der finanzwirtschaftlichen Perspektive sollten sich die Leistungen der übrigen Perspektiven positiv auswirken. Gleichzeitig ist die finanzwirtschaftlichen Perspektive ein Qualitätsmaßstab für die gewählten Strategien.

## Kundenperspektive

Ein für Kunden attraktives Leistungsangebot ist die notwendige Voraussetzung, um langfristig die Ziele der finanzwirtschaftlichen Perspektive zu erreichen. In der Kundenperspektive sollten die Positionierung am Markt und die Definition des Leistungsprogramms erfolgen. Es gilt, die Frage zu beantworten: »Wem möchte ich was verkaufen?« Oder, auf ein Krankenhaus bezogen: »Wo kommen meine Patienten her, und welche Patienten möchte ich zukünftig versorgen?« Diese Perspektive zwingt dazu, sich ausführlich mit dem Markt im Rahmen einer Marktanalyse und -bewertung auseinanderzusetzen. Kunden sollten nach Möglichkeit in unterschiedliche Segmente kategorisiert werden, um dann für jedes Segment die Erwartungen in Bezug auf Angebot, Qualität, Service zu unterscheiden. In den meisten Unternehmen findet auch eine Differenzierung über den Preis statt. Die Preise für Leistungen sind in der stationären Versorgung weitestgehend vorgegeben, es könnte allerdings eine weitere Differenzierung nach Zusatzleistungen erfolgen. In dieser Perspektive sollten beispielsweise Kennzahlen wie der Marktanteil und die Patientenzufriedenheit betrachtet werden.

## Prozessperspektive

Hier wird der Blick von der Finanz- und Kundenperspektive auf jene Prozesse gelenkt, die für die Erbringung der Ziele in den vorgenannten Aspekten beherrscht werden müssen. Die Unternehmensführung sollte sich hierbei auf jene Prozesse beschränken, die für den Erfolg des Unternehmens als kritisch angesehen werden können. Die Betrachtung erfolgt hierbei über die gesamte Wertschöpfungskette. Dies fängt bei der Aufnahme eines Patienten an und endet erst bei seiner Entlassung. Prozessbezogene Kennzahlen im Krankenhaus könnten beispielsweise die Wartezeiten vor einer diagnostischen Maßnahme oder Schnitt-Naht-Zeiten im OP sein. Die Prozesse der Verwaltungsbereiche werden natürlich ebenfalls betrachtet und sind mit Kennzahlen zu hinterlegen.

## Lern- und Entwicklungsperspektive

Die Lern- und Entwicklungsperspektive ist die Perspektive, bei der die Ausrichtung an der Zukunft am deutlichsten wird. Durch eine permanent lernende Organisation soll die langfristige Sicherung des Unternehmens realisiert werde. Die geeignete Infrastruktur dieser Perspektive ermöglicht erst den Erfolg in den anderen Perspektiven.

# Finanzierung und Investition

»Eine Investition in Wissen bringt noch immer die besten Zinsen.«
(Benjamin Franklin)

## 7.1 Einführung

Die Notwendigkeit, sich im Gesundheitswesen mit den Themen Finanzierung und Investition ausführlich auseinanderzusetzen, ist erst in der jüngeren Vergangenheit erforderlich geworden. Grund hierfür ist die Tatsache, dass der Umfang an finanziellen Mitteln für Investitionen, die nach dem Krankenhausfinanzierungsgesetz (KHG) von den jeweiligen Bundesländern zur Verfügung gestellt werden, in den letzten Jahren stark rückläufig ist. Der Bedarf an Investitionsmitteln, beispielsweise für medizinische Großgeräte und Baumaßnamen, verringert sich jedoch nicht in gleichem Umfang wie die öffentlichen Fördermittel. Das Gegenteil ist der Fall. Durch die Einführung eines auf Fallpauschalen basierten Vergütungssystems, den Abbau von Betten und die Begrenzung der Budgets werden Krankenhäuser gezwungen, bessere Leistungen für mehr Patienten zu erbringen als in der Vergangenheit – und dies bei konstantem oder gar schrumpfendem Budget. Damit dies gelingt, sind in vielen Krankenhäusern Investitionen in die bauliche und technische Infrastruktur notwendig, was jedoch von den jeweiligen Bundesländern nicht im vollen Umfang gewährleistet wird. Aus diesem Grund müssen sich Krankenhäuser erstmals mit den klassischen Formen der Finanzierung auseinandersetzen, statt auf Vater Staat zu hoffen.

Versuchen wir aber zunächst die beiden Begriffe »Finanzierung« und »Investition« voneinander abzugrenzen. Ein Unternehmen benötigt zum wirtschaften, und damit zur Erfüllung seines eigentlichen Zwecks, ausreichende finanzielle Mittel – das sollte unstrittig sein. Dabei müssen die finanziellen Mittel zur richtigen Zeit, in der richtigen Höhe und am richtigen Ort zur Verfügung stehen.

> **Definition**
>
> Alle Maßnahmen eines Unternehmens, die auf die Beschaffung und Bereitstellung von finanziellen Mitteln bzw. äquivalenten Mitteln gerichtet sind, bezeichnet man als **Finanzierung**.

Äquivalente Mittel sind in diesem Zusammenhang all diejenigen Mittel, mit denen sich Güter ebenfalls erwerben lassen. Dies können beispielsweise Aktien, Grundstücke oder nichtmaterielle Vermögensgegenstände, wie Patente und Rechte, sein. Grundsätzlich sind die meisten Geschäfte auch mit »finanziell äquivalenten Mitteln« durchführbar, im Folgenden werden wir allerdings der Einfachheit halber immer von finanziellen Mitteln sprechen.

Die Finanzierung der Krankenhäuser durch die öffentliche Hand stellt eine Besonderheit dar. Es wird in diesem Zusammenhang von der »dualen Finanzierung« gesprochen. Der Zusatz »dual« bedeutet, dass die Finanzierung auf zwei Säulen beruht. Während die Gesetzlichen und Privaten Krankenkassen für die Betriebskosten, also Kosten für medizinische und pflegerische Leistungen sowie für die Unterkunft und Verpflegung aufkommen, werden die Investitionskosten von den einzelnen Bundesländern übernommen. In diesem Kapitel möchten wir uns die Betriebliche Finanzwirtschaft der klassischen Betriebswirtschaftslehre anschauen, da diese aufgrund der sich zurückziehenden öffentlichen Hand für Krankenhäuser zunehmend an Bedeutung gewinnen wird.

> **Definition**
>
> Als **Investition** im Sinne der Betriebswirt-schaftslehre gilt die Anschaffung eines lang-fristig nutzbaren Wirtschaftsgutes.

Investitionsgüter werden in der Bilanz (die Schnittstellen zum Rechnungswesen werden Ihnen in diesem Kapitel häufiger begegnen) in das Anlagevermögen aufgenommen und gelten somit als Vermögensgegenstand des Unternehmens. Demzufolge unterliegen Güter, die bei der Leistungserstellung im Prozess verbraucht werden, klassischerweise nicht einer Investitionsrechnung. Gemeint ist damit jegliche Art von Materialien im Lager, wie beispielsweise Medikamente, die an Patienten ausgegeben und somit verbraucht werden. Auch die Löhne der Mitarbeiter werden nicht als Investition verstanden. Abgrenzen sollte man hier noch den Begriff »Desinvestition«. Darunter versteht man die Wiederfreisetzung von in Gütern gebundenem Kapital in finanzielle Mittel. Klingt hochtrabend, meint aber beispielsweise den Verkauf von Grundstücken, Gebäuden oder Maschinen, die für die Unternehmensziele nicht mehr benötigt werden. Wenn Sie also Ihr Auto, das Sie nicht mehr benötigen, verkaufen, desinvestieren Sie es in diesem Sinne.

Die beiden Bereiche Finanzierung und Investition weisen viele Schnittstellen auf und beeinflussen sich gegenseitig. Ob eine Investition vorteilhaft bzw. überhaupt zu realisieren ist, wird vielfach von den Konditionen bei der Finanzierung bestimmt. Dies lässt sich auch im privaten Leben beobachten. Beispielsweise wird ein Immobilienkauf oder der Kauf eines PKW dadurch beeinflusst, zu welchen Konditionen, sprich, zu welchen Zinsen, sich das notwendige Geld von einer Bank beschaffen lässt. Eine Finanzierung muss aber nicht zwangsläufig eine Investition zur Folge haben. So kann auch eine kurzfristige Finanzierung zur Sicherstellung

der notwendigen Liquidität erfolgen, ohne dass eine Investition getätigt wird.

Kommen wir nun zu den unterschiedlichen Möglichkeiten der Finanzierung. Sie lassen sich nach zwei Kriterien systematisieren:

- nach der juristischen Stellung bzw. der Haftung des Kapitalgebers,
- nach der Herkunft der finanziellen Mittel.

Bei der juristischen Stellung wird zwischen Eigen- und Fremdfinanzierung unterschieden. Noch einfacher ausgedrückt: Wem gehört das Kapital nach der Finanzierung?

> **Definition**
>
> Als **Eigenkapital** werden die von den Eigentümern der Gesellschaft zur Verfügung gestellten finanziellen Mittel bezeichnet. Diese finanziellen Mittel sind dann im Besitz des Unternehmens und stehen diesem zur freien Verfügung.

Wenn die finanziellen Mittel einem anderen als dem Unternehmen selbst gehören, beispielsweise der Bank, wird dies als Fremdkapital bezeichnet. Fremdkapital weist als definierende Merkmale einen festgelegten Zeitpunkt der Rückzahlung und einen festgelegten Zins für das Zur-Verfügung-Stellen der Mittel auf.

»Nach der Herkunft« bedeutet, dass Kapital entweder von einem Geldgeber außerhalb des Unternehmens oder aus dem Unternehmen selbst stammt. Ersteres wird als »Außenfinanzierung« und Letzteres logischerweise als »Innenfinanzierung« bezeichnet. Berechtigterweise kann man sich an dieser Stelle die Frage stellen, ob sich beide Sichtweise nicht überschneiden: Kommt Fremdkapital nicht immer von außen? Kommt Eigenkapital nicht immer von innen? Die ◗ Abbildung 7.1 schafft hoffentlich mehr Übersicht und zeigt, wie verschachtelt und kompliziert der Betriebswirt denkt.

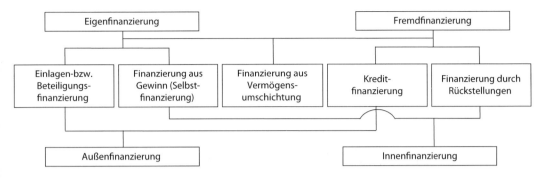

**☐ Abb. 7.1** Die Finanzierungsarten im Überblick

## 7.2 Außenfinanzierung versus Innenfinanzierung

Wenn einem Unternehmen finanzielle Mittel im Rahmen einer Außenfinanzierung zufließen, kann dies durch einen Gesellschafter oder einen Dritten geschehen. Der Dritte kann durch seine finanzielle Einlage ebenfalls zum Gesellschafter werden, indem er Anteile an dem Unternehmen als Gegenleistung für die Bereitstellung der Mittel erhält. Diese Form der Finanzierung wird als »Einlagen- bzw. Beteiligungsfinanzierung« bezeichnet. Eine festgelegte Rückzahlung der finanziellen Mittel, die dem Unternehmen zugeflossen sind, erfolgt nicht. Der Geldgeber wird durch eine Ausschüttung des Gewinns, die jedem Gesellschafter zusteht, vergütet. Erwirtschaftet ein Unternehmen hohe Gewinne, so bekommt der Gesellschafter eine hohe Vergütung für das Zur-Verfügung-Stellen der finanziellen Mittel. Erwirtschaftet das Unternehmen keine Gewinne oder sogar Verluste, wird der Gesellschafter keine Vergütung bekommen und gegebenenfalls sogar sein zur Verfügung gestelltes Geld verlieren. Rechtlich betrachtet gehören die zur Verfügung gestellten Mittel dem Unternehmen, das als Gegenleistung Anteile von sich an den Kapitalgeber abgegeben hat.

Eine andere als die gerade dargestellte Form der Außenfinanzierung stellen klassische Kredite dar. Der Unterschied zur oben beschriebenen Beteiligungsfinanzierung liegt darin, dass bei der Kreditfinanzierung ein Vertrag geschlossen wird, in dem die Höhe der Zinsen und die Rückzahlungszeitpunkte festgelegt sind. Die Zinszahlung ist in diesem Fall unabhängig von der wirtschaftlichen Situation des Krankenhauses, d. h., Zinsen werden hier auch dann fällig, wenn keine Gewinne erwirtschaftet wurden. Für Geldgeber bietet das erst einmal mehr Sicherheit, allerdings im Gewinnfall auch geringere Chancen. Hier ist es wie immer im Leben: No risk – no fun!

Eine weitere Form der Außenfinanzierung stellt die Finanzierung durch Lieferanten oder Kunden dar. Eine Finanzierung durch Kunden erfolgt immer dann, wenn beispielsweise Anzahlungen geleistet werden sollen. Durch Lieferanten erfolgt die Finanzierung dadurch, dass Produkte geliefert bzw. Dienstleitungen erbracht werden und die Bezahlung erst mit einem gewissen zeitlichen Abstand erfolgt. Welche Bedeutung das haben kann, können wir uns an einem kleinen Beispiel verdeutlichen.

Nehmen wir mal an, ein Krankenhaus hat pro Jahr Sachkosten in Höhe von 4,8 Mio. €. (Dies ist für ein mittelgroßes Krankenhaus nicht sehr hoch angesetzt.) Das bedeutet, dass Rechnungen in Höhe von durchschnittlich 400.000 € für Waren und Dienstleistungen pro Monat auflaufen. Die Rechnungen werden vom Krankenhaus erst sechs Wochen später beglichen. Demzufolge liegen jederzeit Verbindlichkeiten in Höhe von 600.000 € (400.000 € × 1,5 Monate) vor. Das Krankenhaus schuldet seinen Lieferanten und Dienstleistern diese Summe, wartet aber noch mit der Bezahlung der Rechnungen. Nun lassen sich zwei Möglichkeiten unterscheiden. In dem einen Fall hat das Krankenhaus 600.000 € Guthaben und legt das nichtausgegebene Geld für einen Zinssatz von beispielsweise 5% pro Jahr an. Da jeden Monat neue Rechnungen in Höhe von 400.000 € eingehen und diese ebenfalls erst nach sechs Wochen beglichen werden, sind dauerhaft 600.000 € angelegt. Dies führt dazu, dass sich durch ein späteres Begleichen der Rechnungen 30.000 € Zinsen (600.000 € zu 5%) erzielen lassen. In dem anderen Fall hat das Krankenhaus die erwähnten 600.000 € nicht auf seinem Konto. Sollte das Krankenhaus dennoch die Rechnungen der Lieferanten bezahlen, muss es sein Bankkonto um diesen Betrag überziehen. Der Einfachheit nehmen wir mal an, dass das Krankenhaus für eine Überziehung des Kontos 10% Zinsen pro Jahr an die Bank zahlen muss. In diesem Fall kann das Krankenhaus durch das spätere Begleichen der Rechnung 60.000 € pro Jahr an Überziehungszinsen sparen. Insofern hat die »naive« Sichtweise, es sei doch egal, wann man etwas zahlt, man

▼

muss es doch ohnehin irgendwann zahlen, keine Gültigkeit.

Lieferantenkredite sind für Krankenhäuser sehr verbreitet, wenn diese auch nicht immer freiwillig durch den Lieferanten erfolgen. Krankenhäuser sind für viele Lieferanten und jegliche Formen von Dienstleistungsanbietern wichtige Kunden. Es können sich nur wenige von ihnen leisten, auf Krankenhäuser als Kunden zu verzichten. Also sind Sie bei Rechnungen kulanter und vergeben entsprechend längere Zahlungsziele.

Diese Praxis ist aber keine Besonderheit des Gesundheitswesens, sondern in den meisten Branchen verbreitet. Lieferanten wissen dies natürlich und bieten ihrerseits einen Anreiz, dass ihre Rechnungen frühzeitig bezahlt werden. Aus diesem Grund gewähren sie ein so genanntes Skonto. Dieses besagt, dass bei rechtzeitigem Zahlungseingang innerhalb einer festgelegten Frist ein prozentualer Nachlass vom ursprünglichen Rechnungspreis, meist zwischen 2 und 3%, gewährt wird. Dieser Nachlass ist für Unternehmen sehr attraktiv, da sich ein Abzug von 3% auf den Rechnungspreis, wenn innerhalb von beispielsweise sechs Tagen, statt nach den oben beschriebenen sechs Wochen, eine Rechnung bezahlt wird, schnell eine jährliche Verzinsung von mehr als 25% resultieren kann. (Auf die genaue Berechnung soll hier nun nicht weiter eingegangen werden. Interessenten verweisen wir freundlich auf Bücher über die Finanzmathematik.)

Die Innenfinanzierung aus dem Unternehmen heraus hat im Gegensatz zur Außenfinanzierung keine Zinszahlungen oder Rückzahlungstermine zur Folge. Die »Finanzierung aus Gewinn« oder auch »Selbstfinanzierung« erfolgt durch Gewinne, die im Unternehmen verbleiben.

**Beispiel**

Wenn beispielsweise am Ende eines Wirtschaftsjahres ein Gewinn erwirtschaftet wurde, kann dieser an die Eigentümer ausgeschüttet werden oder aber im Unternehmen verbleiben. Der erste Fall entspricht der Verzinsung, den ein Eigentümers für sein zur Verfügung gestelltes Kapital erhält. Wenn der Eigentümer aber auf eine Ausschüttung der Gewinne verzichtet und der Gewinn im Unternehmen bleibt, kann dieses den Gewinn zur Finanzierung weiterer Investitionen nutzen. Der Eigentümer, der das auch nicht aus Gutherzigkeit macht, wird sich durch den jetzigen Verzicht in Zukunft noch höhere Gewinne oder ein sicheres Unternehmen erhoffen.

Durch diese Art der Finanzierung ist ein Unternehmen wesentlich unabhängiger von Zinssätzen oder dem Einfluss von weiteren Gesellschaftern, als es bei der Kredit- oder Beteiligungsfinanzierung der Fall ist. Voraussetzung für diese Art der Finanzierung ist, dass das Unternehmen aber tatsächlich Gewinne erwirtschaftet. Wenn ein Unternehmen keine Gewinne erwirtschaftet, scheidet diese Art der Finanzierung natürlich aus.

Eine weitere Form der Innenfinanzierung stellt die **Finanzierung aus Rückstellungen** dar. Rückstellungen sind Verbindlichkeiten, bei denen am Ende des Wirtschaftsjahres feststeht, dass sie zukünftig fällig werden, aber die genaue Höhe und der genaue Fälligkeitszeitpunkt noch nicht bekannt sind. Sie werden daher zum Fremdkapital eines Unternehmens hinzugerechnet. Durch die Bildung von Rückstellungen, die einen betrieblichen Aufwand darstellen, wird der Gewinn bis zur Auflösung der Rückstellungen vermindert. Dadurch werden auch die Gewinnbesteuerung und -ausschüttungen an die Gesellschafter in die Zukunft verschoben. Es verbleiben also mehr finanzielle Mittel im Unternehmen. Diese können wiederum zur Finanzierung von Investitionen oder des laufenden Betriebes eingesetzt werden. Von besonderem Interesse in diesem Zusammenhang sind Rückstellungen für Pensionen von Mitarbeitern. Diese Rückstellungen werden über Jahre oder sogar Jahrzehnte gebildet, bevor es zu Zahlungen an ausgeschiedene Mitarbeiter kommt. In diesem Zeitraum kann das Unternehmen die finanziellen Mittel für Investitionen nutzen.

## 7.3 Eigenfinanzierung versus Fremdfinanzierung

Bei der Frage, ob es sich um eine Eigen- oder um eine Fremdfinanzierung handelt, wird danach unterschieden, wem die vom Kapitalgeber bereitgestellten finanziellen Mittel juristisch gehören, wie wir anfangs erklärt haben.

So handelt es sich bei der »Einlagen- bzw. Beteiligungsfinanzierung« und bei der »Finanzierung aus Gewinnen« um Formen der Eigenfinanzierung, in deren Zusammenhang die finanziellen Ressourcen dem Unternehmen dauerhaft zur Verfügung gestellt werden. Umgangssprachlich »gehören« die finanziellen Mittel dem Unternehmen. In dieser Finanzierungsform werden keine Zinsen oder Tilgungen fällig – lediglich die Gesellschafter bekommen durch die Ausschüttung der Gewinne eine indirekte Vergütung für das von ihnen zur Verfügung gestellte Kapital.

Bei der »Kreditfinanzierung« und der »Finanzierung aus Rückstellungen« wird genau die zur Verfügung gestellte Summe vom Kapitalgeber zu einem späteren Zeitpunkt zurückverlangt. Das Geld gehört nicht dem Unternehmen, es kann umgangssprachlich als »geliehen« bezeichnet werden und wird betriebswirtschaftlich »Fremdkapital« genannt.

## 7.4 Investitionsbegriff

Bevor wir im Folgenden einen Überblick über die einzelnen Verfahren der Investitionsrechnung geben, kommen wir zunächst zum Begriff der »Investition« sowie zur Unterscheidung verschiedener Investitionsarten. Wenn in diesem Kapitel über Investitionen gesprochen wird, ist aber nicht zwangsläufig eine Investition nach dem Krankenhausfinanzierungsgesetz gemeint. Notwendige Grundstücke werden beispielsweise grundsätzlich nicht von den Bundesländern gefördert und sind daher von den Krankenhäusern selbst zu stellen. Hier wird vielmehr beschrieben, welche Arten von Investitionen unterschieden werden und wie sich die Verfahren zur Ermittlung der Frage, ob eine Investition wirtschaftlich vorteilhaft ist, voneinander abgrenzen lassen.

Allgemein ist eine Investition die »Umwandlung von Zahlungsmitteln in Güter«, die zur Erstellung der betrieblichen Leistungen erforderlich sind. Darüber hinaus weisen Investitionen die folgenden weiteren Merkmale auf:

- Es wird eine relativ lange Nutzungsdauer zugrunde gelegt. Dies hat zur Folge, dass es zu einem zeitlichen Auseinanderfallen zwischen den Auszahlungen für die Investition und den aus der Investition resultierenden Einzahlungen kommt. Beispielsweise fallen beim Kauf eines neuen Computertomographen (CT) im ersten Schritt hohe Ausgaben für den Erwerb des Gerätes, die Aufstellung im Gebäude und die Schulung der Mitarbeiter an. Die Erlöse im Patientenbetrieb werden jedoch über die gesamte Nutzungsdauer erzielt.
- Über die Abschreibungen, den im Rechnungswesen abgebildeten Wertverlust von

Unternehmensvermögen, wird der zukünftige Gewinn des Unternehmens erheblich beeinflusst.
- Der erworbene Vermögensgegenstand soll dem Unternehmen über einen längeren Zeitraum zur Verfügung stehen.

## 7.5 Investitionsarten

Investitionen werden klassischerweise in »Finanzinvestitionen« und »Sachinvestitionen« unterschieden. In der Kategorie der Finanzinvestitionen wird beispielsweise der Erwerb von Unternehmensanteilen oder Immobilien zusammengefasst, die zum Zweck der Vermietung erworben werden. Dies sind Investitionen, die wenig oder gar keinen Bezug zu der eigentlichen Leistungserstellung des Unternehmens haben. Finanzinvestitionen sind bei einzelnen Krankenhäusern recht selten anzutreffen und sollen aus diesem Grunde hier auch nicht weiter vertieft werden.

Demgegenüber weisen Sachinvestitionen einen direkten Bezug zur eigentlichen Leistungserstellung eines Unternehmens auf. Eine weitere Unterteilung der Sachinvestitionen ist darüber hinaus noch notwendig, weil sie einen Einfluss auf den Inhalt und Umfang der Investitionsrechnung hat, die die wirtschaftliche Vorteilhaftigkeit einer Investition ermitteln soll (◘ Abb. 7.2).

Wie sich die verschiedenen Sachinvestitionen unterteilen lassen, werden wir im Folgenden am bereits erwähnten Beispiel des Erwerbs eines CT erläutern. Zuvor aber noch eine kleine Anmerkung: Auch die Betriebswirtschaftslehre entwickelt sich natürlich im Laufe der Zeit weiter und reagiert auf Veränderungen. Neben den »Finanzinvestitionen« und »Sachinvestitionen« hat sich eine weitere Investitionsart entwickelt: die der »Immateriellen Investitionen«. Als »Immaterielle Investitionen« werden In-

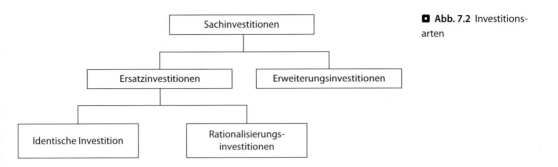

■ **Abb. 7.2** Investitionsarten

vestitionen in die Forschung, die Werbung und die Qualifikation der Mitarbeiter bezeichnet. Dies alles sind Tätigkeiten oder Eigenschaften, deren Ergebnis kein physisches Produkt, sondern Know-how oder eine Marke (dazu mehr später) ist. So spiegelt sich der Wandel von der Industriegesellschaft in eine technologisch geprägte Dienstleistungsgesellschaft in der Betriebswirtschaftslehre wider. Als der Begriff »Humankapital« Unwort des Jahres war, war damit sinngemäß tatsächlich eher eine solche Immaterielle Investition gemeint, dies ist aber (gewollt) missverstanden worden.

Ob es sich bei dem zu erwerbenden CT um eine Ersatz- oder Erweiterungsinvestition handelt, lässt sich einfach klären, wenn man die folgenden Fragen beantwortet:

- Soll das zu erwerbende CT ein anderes, bereits vorhandenes CT ersetzen?
- Ist das Krankenhaus in der Vergangenheit ohne CT ausgekommen und möchte diese Leistung nun anbieten?

Verfügt das Krankenhaus bereits über ein CT und möchte gerne ein weiteres anschaffen, dann handelt es sich um eine Erweiterungsinvestition. Verfügt das Krankenhaus bereits vor der Investition über ein CT, welches ersetzt werden soll, handelt es sich um eine Ersatzinvestition. Der Erwerb eines vergleichbaren CT (oder mit einer vergleichbaren technischen Ausstattung) wäre dann eine Identische Investition. Um eine Rationalisierungsinvestition handelt es sich, wenn sich beispielsweise durch ein neues Modell die Untersuchungszeiten reduzieren lassen und somit mehr Patienten in der gleichen Zeit behandelt werden können. Kurz gefasst: Durch ein neues CT könnten mehr Patienten zu geringeren Kosten pro Behandlung untersucht werden.

## 7.6 Investitionsrechnung

Die Unterscheidung der Investitionsart ist deshalb so wichtig, weil es einen Einfluss auf den Inhalt und Umfang der Investitionsrechnung hat. Durch eine Investitionsrechnung werden die finanziellen Konsequenzen einer Investition aufgezeigt, bevor man sich eventuell ins Unglück gestürzt hat. Es wird also ermittelt, ob die Investition wirtschaftlich überhaupt vorteilhaft ist oder nicht. Wesentliche Kriterien für die Ermittlung der Vorteilhaftigkeit sind

- der Anschaffungswert der Investition,
- die geplante Nutzungsdauer,
- die Einzahlungen in den Jahren der Nutzung der Investition,
- die notwendige Auszahlung während der Nutzung der Investition,
- der Zinssatz zur Finanzierung der Investition,
- gegebenenfalls ein zu erwartender Erlös durch einen Verkauf am Ende der Nutzungsdauer.

Ein in Deutschland (wie üblich) ebenfalls wichtiges Kriterium ist die steuerliche Auswirkung einer Investition.

Wir wollen uns nun die unterschiedlichen Verfahren der Investitionsrechnung anschauen. Wie bereits beschrieben, soll aus dem Ergebnis einer Investitionsrechnung eine Aussage über die wirtschaftliche Vorteilhaftigkeit einer Investition getroffen werden. Die verschiedenen Verfahren unterscheiden sich u. a. im Umfang der einbezogenen Informationen. Nicht in jedem Verfahren werden alle Kriterien, die einen Einfluss haben, tatsächlich auch einbezogen. So werden bei einigen Methoden zur Vereinfachung Steuern und Zinsen nicht berücksichtigt. Da aus verschiedenen Verfahren der Investitionsrechnung gewählt werden kann, ist entsprechend aber eine eindeutige Interpretation auch nicht immer möglich. Je nach Umfang der einbezogenen Ausgangsdaten können somit unterschiedliche Ergebnisse ermittelt werden. Die steuerliche Auswirkung ist beispielsweise teilweise nur schwer zu ermitteln und wird daher, wie schon erwähnt, manchmal vernachlässigt.

In der klassischen Betriebswirtschaftslehre werden in der Investitionsrechnung die so genannten statischen und dynamischen Verfahren unterschieden. Bei den **statischen Verfahren** wird die Investitionsrechnung auf ein Jahr bezogen. Die Zahlen des ersten Jahres oder eines Jahresdurchschnitts werden als repräsentativ für die gesamte Nutzungsdauer angenommen. Es handelt sich um sehr stark vereinfachende Verfahren, die aber den Vorteil haben, dass sie nur wenig Datenerhebung und Rechenaufwand benötigen. Aber es ist wie immer, wenn man etwas vereinfacht: Die Realität wird dadurch meist nur unzureichend abgebildet. Bei statischen Verfahren handelt es sich allgemein um eine Überschlagsrechnung, die eher für Investitionen mit geringen Anschaffungswerten verwendet werden sollte. Ein einfaches Beispiel

für ein solches Verfahren ist das Ziel, dass die Kosten von zwei Investitionsalternativen verglichen werden sollen. Noch plastischer und noch einfacher:

Ein Gerät kostet bei sonst gleichem Leistungsumfang 1.000 € und ein alternatives Modell 1.200 €. Die erste Alternative mit den geringeren Kosten wird also als die vorteilhaftere angesehen. Dieses Verfahren klingt so banal, dass man ihm keinen Namen zutraut, wird aber als »Kostenvergleichsrechnung« bezeichnet und eignet sich lediglich für die oben genannten Identischen Ersatzinvestitionen.

### Beispiel

Wenn Ihre Kaffeemaschine defekt ist und neue Geräte sich nur durch den Preis unterscheiden, führen Sie also unbewusst eine Kostenvergleichsrechnung durch, ohne BWL studiert zu haben. Wenn ein Krankenhaus bereits über einen 16-Zeiler-CT verfügt und genau dieser ersetzt werden soll, bedarf es lediglich eines Vergleiches der Kosten. Die Erlöse werden bei einer Ersatzinvestition nicht berücksichtigt, weil sie sich ja auch nicht verändern.

Anders verhält es sich, wenn eine Entscheidung zwischen einem CT und einem MRT gefällt werden muss. (Liebe Radiologen: Ja, wir kennen die nicht ganz deckungsgleichen Indikationen für den Einsatz der Geräte, aber als Beispiel finden wir den Vergleich hier in Ordnung.) Es liegt also zu dem Kauf eines neuen CT eine Investitionsalternative vor. Dann sollten neben den Kosten auch die Erlöse in die Berechnung einbezogen werden.

Die Differenz zwischen den Erlösen und den Kosten ist ja bekanntlich der Gewinn. Daher wird diese Art der Investitionsrechnung als

Gewinnvergleichsrechnung bezeichnet. Wie im Kapitel zum Rechnungswesen ausführlich dargestellt, wird unter dem Begriff der Rentabilität der Gewinn im Verhältnis zum eingesetzten Kapital bezeichnet. Dies lässt sich auch auf die Investitionsrechnung übertragen. Der Gewinn einer Investition im Verhältnis zur Höhe der Investitionskosten kann als Rentabilität einer Investition angesehen werden. Solch eine Rentabilitätsrechnung ist natürlich aussagekräftiger als eine ausschließliche Betrachtung der Gewinne. Es ist ein Unterschied, ob sich ein Gewinn von 100 € mit Investitionen in Höhe von 1.000 € oder 10.000 € erzielen lässt.

Im Gegensatz zu den vereinfachten statischen Verfahren werden bei den **dynamischen Verfahren** der Zeitpunkt von Ein- und Auszahlungen und der Einfluss von Zinsen explizit berücksichtigt. Bei einer Investition mit Anschaffungsausgaben in Höhe von 100.000 € ist es schon von Interesse, ob die erwarteten Einnahmen bereits im ersten Jahr oder erst in drei Jahren realisiert werden können. Die unterschiedlichen Methoden, die als dynamische Verfahren bezeichnet werden, erfordern etwas mehr Rechenarbeit und können an entsprechender Stelle beispielsweise unter den Stichworten »Kapitalwertmethode« und »Methode des internen Zinsfußes« nachgelesen werden.

Die Komplexität dieser Methoden ergibt sich dadurch, dass neben den unmittelbar mit der Investition in Zusammenhang stehenden Ein- und Auszahlungen weitere Faktoren die Vorteilhaftigkeit einer Investition wesentlich beeinflussen. Da wären v. a. die bereits erwähnten steuerlichen Auswirkungen und der Einfluss von Zinsen über die Nutzungsdauer einer Investition. Auch Verbundeffekte mit anderen Angeboten müssen berücksichtigt werden. Ein Verbundeffekt ergibt sich dadurch, dass eine Investition Auswirkungen auf bereits bestehende Angebote hat.

Dies lässt sich am Beispiel eines neonatologischen Zentrums verdeutlichen. So entscheiden sich manche Frauen für eine Entbindung in einem bestimmten Krankenhaus, weil dieses über ein solches Zentrum verfügt. In den meisten Fällen verlässt die Frau das Krankenhaus zum Glück, ohne neonatologische Leistungen in Anspruch genommen zu haben. Das heißt: Bei der Frage, ob ein Krankenhaus in ein neonatologisches Zentrum investieren soll, sind die gegebenenfalls positiven Effekte anderer, bereits vorhandener Fachabteilungen zu berücksichtigen. Dies dann in einer Investitionsrechnung zu berücksichtigen verdeutlicht die Komplexität der Beurteilung umfangreicher Investitionsvorhaben.

# Marketing – was hat das mit Gesundheit zu tun?

»Enten legen ihre Eier in aller Stille. Hühner gackern dabei wie verrückt. Was ist die Folge? Alle Welt isst Hühnereier.«
(Henry Ford)

»Ich habe kein Marketing gemacht. Ich habe immer nur meine Kunden geliebt.«
(Zino Davidoff)

»Wenn ich Hundefutter verkaufen will, muss ich erst einmal die Rolle des Hundes übernehmen; denn nur der Hund allein weiß ganz genau, was Hunde wollen.«
(Ernest Dichter)

## 8.1 Grundbegriffe – was Marketing eigentlich ist

Marketing klingt für viele Leser wie die neudeutsche Benennung für etwas, was es auch ohne diese Benennung und obendrein schon lange gibt. Werbung wurde doch schon immer gemacht, oder?

Der Fehler liegt darin, dass Marketing gerne mit »Werbung« übersetzt wird, obwohl es doch viel mehr oder etwas anderes ist als »nur« Werbung: Marketing bestimmt Produkte, Vertriebswege, legt die Kommunikationsstrategie fest, bestimmt das Selbst- und Fremdbild eines Unternehmens und sorgt dafür, dass ein Unternehmen als Marke überhaupt wahrgenommen wird. Auch die Preispolitik wird durch das Marketing mitbestimmt. Und wie sieht es im Krankenhaus aus? In den letzten Jahren hat sich der Begriff »Krankenhaus-Marketing« schnell verbreitet und hinterlässt doch oft einen falschen Eindruck: Wenn man diesen Begriff bei einer Internet-Suchmaschine eingibt, erhält man zwar fast 700 deutschsprachige Treffer. Viele dieser Suchergebnisse haben aber PR und Kommunikation zum Thema, und das ist genau der Teilbereich, der leider oft mit

Krankenhaus-Marketing gleichgesetzt wird, obwohl die Klinikkommunikation, insbesondere die Einweiserkommunikation, eben nur einen Teil aller Marketing-Aktivitäten ausmachen sollte. Ein Teil des Marketings, wie es in anderen Branchen üblich ist, fällt sicherlich durch den beschränkten Markt und die vorgegebene Preisgestaltung in der Medizin weg oder beschränkt sich auf den Markt für private medizinische Leistungen. Ein großer Teil an möglichen Marketing-Aktivitäten wird aber eben auch ohne diese Begründung nicht berücksichtigt.

Sie erkennen alleine anhand der Zitate oben, wie unterschiedlich Marketing aufgefasst wird. Über die Definition von Kostenstellen kann man schlecht streiten, über die Definition von Marketing hingegen schon eher. Aber bevor wir das Pferd komplett von hinten aufgezäumt haben, fangen wir doch einfach mal vorne an und klären, was genau Marketing denn nun eigentlich ist und beinhaltet.

### 8.1.1 Marketing – Produkte zum Markt bringen

Der Begriff »Marketing« ist gar nicht so leicht zu definieren, wie es zunächst scheint: Das Wort selbst ist ein Kunstwort, das sich ungefähr mit »zum Markt bringen« übersetzen lässt. Versteht man Marketing als den klassischen Bestandteil der Betriebswirtschaftslehre, ergibt sich zwangsläufig eine andere Bedeutung, als wenn man Marketing im erweiterten Sinne meint. Nach der klassischen Sichtweise versteht sich der Zweck des Marketings hauptsächlich im Absatz der Produkte eines Unternehmens. Im erweiterten Sinne versteht sich Marketing aber als mehr als das: nämlich als Ausrichtung aller Aktivitäten des gesamten Unternehmens auf den Markt (und entsprechend die Kunden) hin.

Zwei Definitionen sollten Sie in diesem Zusammenhang vielleicht schon mal gelesen haben.

---

**Definition**

Eine bekannte und verbreitete Definition der American Marketing Association (AMA) aus dem Jahr 1985 definiert **Marketing** als »Prozess von Planung und Umsetzung der Entwicklung, Preissetzung, Kommunikation und Distribution von Ideen, Gütern und Dienstleistungen zur Ermöglichung von Austauschprozessen, die die individuellen und organisationsbezogenen Zielsetzungen erfüllen«.

---

Das muss man wahrscheinlich zweimal lesen und dann darüber nachdenken. Marketing beinhaltet also – kurz gefasst – alles, was für einen Handel erforderlich ist, der Anbieter und Nachfrager gleichermaßen befriedigt. Man kann sicherlich Dutzende von Definitionen finden, die sich alle irgendwie mit der Verbreitung von Produkten und Dienstleistungen und den dazu nötigen Maßnahmen befassen. Wichtig ist uns, dass es neben der eher klassischen Definition oben auch eine eher betriebsbezogene Definition gibt, die auch ins Krankenhaus passt. So definiert der Deutsche Marketing-Verband (DMV):

---

**Definition**

»**Marketing** im Sinne einer marktorientierten Unternehmensführung kennzeichnet die Ausrichtung aller relevanten Unternehmensaktivitäten auf die Wünsche und Bedürfnisse der Anspruchsgruppen.«

---

Die wichtigsten Aussagen sind in unseren Augen, dass Marketing das gesamte Unternehmen betrifft und dass es verschiedene Anspruchsgruppen gibt. Werfen wir aber endlich einen Blick ins Krankenhaus: Eine Stabstelle »PR und Kommunikation« im Krankenhaus macht nach der letztgenannten Definition alleine noch kein Marketing aus, weil sich darin auch die gesamte Ausrichtung des Krankenhauses widerspiegeln sollte. Gibt es eine? Was sind die übergeordneten Ziele? Wer sind die Anspruchsgruppen? Es müssen gleichzeitig so heterogene Gruppen wie Mitarbeiter, Patienten und niedergelassene Kollegen angesprochen werden. Eine Kunst, die mehr als Hochglanzbroschüren umfasst, obwohl einige Anbieter sich zu großen Teilen eben damit beschäftigen. Aber genug für den Moment, Sie sehen vielleicht, dass Marketing mehr als Kommunikation ist. Um zu sehen, was alles dazu gehört, lassen Sie uns zunächst einen Blick auf ein paar Begriffe werfen.

## 8.1.2 Der Markt

Grundsätzlich ist der Markt als Ort des Handels bekannt. Jede Stadt hat einen oder mehrere Marktplätze, und man stellt sich darauf häufig Verkaufsstände mit Obst und Gemüse vor. So gesehen kann man »den Markt« tatsächlich als Ort des Handels definieren. Aber er ist im wirtschaftswissenschaftlichen Sinne mehr als das. Hier ist der Markt – vereinfacht definiert – das Zusammentreffen von Angebot und Nachfrage nach einem bestimmten Gut. Der Markt von Fußballbildchen im Kindesalter besteht also aus zumindest zwei an diesen Bildern interessierten Kindern, eines mit und eines ohne ein bestimmtes Bild. Darüber hinaus beinhaltet der Markt aber auch die Alternativen dazu: Der Markt integriert hier auch die Kinder, die statt Fußballbildern auch Bilder von Handballspielern sammeln würden, die Handballbildchen selbst wären dann die so genannten Substitutionsprodukte.

Diese Definition lässt sich natürlich auch

auf das Krankenhaus anwenden: Der Markt für herzchirurgische Leistungen besteht erst einmal aus der Gesamtheit derer, die diese Leistungen in Anspruch nehmen würden, also herzkranken Menschen. Wie viele das sind, lässt sich im Übrigen aus Statistiken ablesen, aber dazu kommen wir gleich. Den (potenziellen) Patienten ist dabei aber primär egal, ob ihnen durch eine Herzoperation oder durch eine Katheterdilatation geholfen wird, sie würden also auch gleichwertige Substitutionsprodukte annehmen. Als Beispiel gibt es den Satz von Kunden, die einen Bohrer kaufen: Der Kunde will eigentlich keinen Bohrer haben, sondern ein Loch in der Wand.

An diesem Beispiel lässt sich auch vieles ablesen, was man in der Zeitung oder in medizinischen Fachartikeln finden kann: »Der Markt für Produkt X wird auf Y Millionen Euro oder Z Tausend Patienten geschätzt.« Pharmafirmen und Medizinproduktehersteller überlegen sich so etwas, bevor sie ein neues Produkt auf den Markt bringen. Krankenhäuser überlegen sich so etwas bislang häufig nicht, sollten sie allerdings.

Wie aber setzt sich der Markt genau zusammen? Bei Krankenhausfusionen prüft das Bundeskartellamt z. B. den entstehenden Marktanteil aus räumlicher und sachlicher Sicht, worunter man sich erst einmal nichts vorstellen kann. Der räumliche Markt umfasst den aus Sicht des Anbieters relevanten regionalen Markt. Die meisten Patienten lassen eine Herz-OP in der näheren Umgebung ihres Wohnortes durchführen, für das operierende Krankenhaus bedeutet es, dass es sich um einen regionalen Markt handelt. Ein Hersteller von international bekannten Sportwagen hat hingegen eine völlig andere Sichtweise auf den relevanten räumlichen Markt. Den sachlichen Markt haben wir eigentlich oben schon definiert: Er umfasst alle Produkte oder Leistungen, die zur Befriedigung desselben Bedürfnisses führen, sei es

**☐ Tab. 8.1** Räumlicher und sachlicher Markt

| Produkt | Sachlicher Markt | Räumlicher Markt |
|---|---|---|
| Herz-OP | OP, Ballondilatation, konservative Therapie | Umkreis von ca. 60 Fahrzeitminuten |
| Exklusiver Sportwagen | Sportliche Automobile, ggf. substituiert durch Motorräder oder andere hochmotorisierte PKW | International, ggf. abhängig von Im-/Exportbeschränkungen |

eine OP oder eine interventionelle Behandlung (☐ Tab. 8.1).

Neben der allgemeinen Definition des Marktes kann man diesen noch näher bezeichnen. Häufig gebraucht werden dafür die Begriffe »Käufermarkt« bzw. »Verkäufermarkt«. Was bedeuten diese Begriffe? Eigentlich kennen Sie selbst beide Situationen: Ein Käufermarkt liegt dann vor, wenn das Angebot die Nachfrage übersteigt, die Macht der Käufer also gegenüber dem Verkäufer größer ist.

**Beispiel**

In einigen Regionen steht z. B. derzeit Wohnraum leer, die Mieten sinken und sind weiter verhandelbar, Makler verlangen dort nicht in jedem Fall eine Vermittlungsprovision vom potenziellen Mieter oder Käufer, sondern nur bei den Immobilien, für die sich mit hoher Wahrscheinlichkeit ein zahlungswilliger Abnehmer findet. Kurz, es herrscht ein **Käufermarkt** vor. Umgekehrt ist der Markt für Anbieter von Gas oder Strom, was derzeit regelmäßig in der Presse diskutiert wird,

▼

> von wenig Konkurrenz geprägt, es handelt sich um einen **Verkäufermarkt**, bei dem der Kunde wenig Chancen hat, die angebotenen Konditionen zu verhandeln.

In Bezug auf den Gesundheitsmarkt wäre z. B. die theoretische Situation für einen Anbieter rettungsdienstlicher Leistungen gegenüber dem Nachfrager, also Patienten in Not, günstiger. Wer fängt bei einem medizinischen Notfall schon an zu diskutieren, ob man auch günstiger gerettet werden könnte? Hier greifen in der Praxis allerdings Vereinbarungen zwischen den Kostenträgern und den Rettungsdiensten, so dass sich ein Unfallopfer in Deutschland eigentlich nicht in dieser Situation befindet. Allerdings wurde in der Vergangenheit ein Ausnutzen der Verkäufermacht bei der Rettung von Touristen in Ferienregionen berichtet. Ein anderes Beispiel sind die Preise, die Schlüsseldienste für oft nur wenige Minuten Arbeit verlangen, wenn man seinen Schlüssel im Haus vergessen und die Tür zugezogen hat. Käufer- und Verkäufermärkte sind nicht fixiert, sondern ändern sich im Laufe der Zeit: Ein attraktiver Verkäufermarkt lockt weitere Anbieter, damit steigt der Wettbewerb, und es entsteht gegebenenfalls ein Käufermarkt. Umgekehrt wird die Anzahl der Makler in einer Region mit Immobilienleerstand mit der Zeit geringer. Zieht der Wohnungsmarkt dann an, kann es zu einem Verkäufermarkt kommen.

Zum Schluss noch ein Satz zu einem der wichtigsten Instrumente des Marketings, der Marktforschung. Sie beschäftigt sich mit dem, was wir oben beschrieben haben, nämlich zum einen mit quantitativen Fragen (»Wie groß ist der Markt für …?«), zum anderen aber auch mit qualitativen Fragen (»Besteht ein Markt für …?«). Bekannte Instrumente sind z. B. Kundenbefragungen aller Art. Bekannt sind auch so genannte Panel-Untersuchungen. Dies ist ein Verfahren, bei der die gleichen Variablen zu unterschiedlichen Zeitpunkten erhoben werden. Hierzu fällt Ihnen bestimmt spontan die Frage ein, wen Sie wählen würden, wenn am Sonntag Wahlen wären.

### 8.1.3 Marketing-Mix

Ein relativ häufiger Begriff lautet »Marketing-Mix«, der auch oft unter der Abkürzung »4 P« zu finden ist. Der Marketing-Mix (◨ Abb. 8.1) beschreibt die ursprünglichen vier Bestandteile der Marketing-Politik eines Unternehmens (ursprünglich, weil es inzwischen einige Erweiterungen gibt).

— »**Product**« bezeichnet dabei die Produktpolitik: Welche Produkte werden in welcher Form angeboten? Dieser Teil ist gewissermaßen des Pudels Kern, denn es dreht sich schließlich alles um die eigentliche Ware oder Dienstleistung, die zu Markte getragen wird. Hier unterscheiden sich z. B. Generalisten von Spezialisten oder orthopädische Fachkliniken von Krankenhäusern der Regelversorgung.

— »**Price**« beschreibt die Preispolitik: Zu welchem Preis wird ein Produkt angeboten? Auch die Preispolitik ist von elementarer Bedeutung: Wird eine Positionierung als

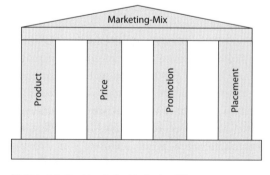

◨ **Abb. 8.1** Der klassische Marketing-Mix

Niedrigpreisanbieter angestrebt oder eher ein Auftritt als exklusiver Anbieter? Beispiele aus der Medizin sind hier einige Zahnärzte bzw. Zahnarztketten, die eine vollständige Versorgung ohne Zuzahlung anbieten, versus exklusive Zahnkliniken, die eher mit Qualität und kosmetischen Aspekten werben.

- Die »**Promotion**« ist der Bestandteil, den man gemeinhin mit Marketing gleichsetzt: Er beschäftigt sich mit der gesamten Kommunikationspolitik. Grundsätzlich spielen hier Begriffe wie das Corporate Design (oft als CD abgekürzt), das sich mit der einheitlichen Gestaltung der Unternehmenskommunikation beschäftigt, eine zentrale Rolle. Auch wenn es auf den ersten Blick banal klingt: Solche Faktoren sind nicht zu unterschätzen, da sie mit einem hohen Wiedererkennungswert verbunden sind. Deshalb genügt es manchen Unternehmen, ein Schild mit nur einem Buchstaben und der Angabe der nächsten Ausfahrt auf der Autobahn aufzustellen und trotzdem zuversichtlich zu sein, dass die meisten Autofahrer damit etwas verbinden können. Auch bei privaten Krankenhausträgern bilden sich mittlerweile verschiedene optische Schlüsselreize, so dass Sie vielleicht zukünftig den Klinikträger direkt der Farbe des Briefpapiers zuordnen können. Weitere wichtige Inhalte dieses Ps sind alle Aktivitäten, die sich mit der externen Kommunikation beschäftigen. Im Krankenhausbereich ist das z. B. die klassische Einweiserkommunikation.
- Das letzte P, »**Placement**«, bezeichnet die Distributionspolitik, also die Frage, wie ein Produkt oder eine Dienstleistung angeboten wird: Positioniert sich ein Anbieter als reiner Internethandel oder als klassisches Geschäft? Wird die medizinische Rehabilitation ambulant, großstädtisch und zen-

trumsnah angeboten? Oder als Klinik im Grünen am See?

Alle einzelnen Elemente des Marketing-Mix überschneiden sich natürlich mit den jeweils anderen Aspekten und müssen für einen stimmigen Gesamtauftritt abgestimmt sein. Mit der angestrebten preislichen Positionierung ändert sich so z. B. auch das Kommunikationsverhalten. Diese klassischen 4 P des Marketing-Mix sind weder heilig noch anderweitig unantastbar: So gibt es Konzepte, die entweder die klassischen P um weitere ergänzen (wie z. B. »people« oder »process«) oder anstelle der 4 P dann 4 C setzen (nach Robert Lauterborn: consumer needs, cost, convenience, communication).

### 8.1.4 Produktlebenszyklus

Ein weiterer Begriff aus der Marketing-Welt ist der des Produktlebenszyklus, der sich allerdings auf Arzneimittel tatsächlich besser beziehen lässt als auf Hüftoperationen. An dieser Stelle schließt sich auch fast der Kreis zu unserem Kapitel, in dem wir in den Grundbegriffen auch die BCG-Matrix dargestellt haben. Diese basiert ebenfalls auf dem Konzept der Produktlebenszyklen bzw. bezeichnet hier einen eigenen Produktlebenszyklus, vom »dog« über »question mark« und »star« zur »cash cow« – aber das sei nur am Rande erwähnt. Die häufig zu findende Grundform der Produktlebenszyklen nennt vier Stadien.

> **Die vier Stadien der Produktlebenszyklen**
> - Einführung
> - Wachstum
> - Reife
> - Rückgang

Die »Lebenszeit« eines Produktes bezieht sich auf seine Anwesenheit am Markt. Man kann den Lebenszyklus zusätzlich um die »Pränatalphase«, die Entwicklung, erweitern und berücksichtigen, dass viele Produkte aus anderen entstehen.

Die **Einführungsphase** ist zunächst mit Investitionen verbunden: Entwicklung und Einführung sind mit Kosten verbunden, die mit den Umsätzen der Einführungsphase nicht gedeckt werden können. In der **Wachstumsphase** werden (ab dem so genannten Break-even-point, ab dem die Erlöse die Kosten übersteigen) Gewinne erzielt, und das Produkt beginnt sich am Markt zu etablieren. Letzteres führt allerdings auch dazu, dass Konkurrenten darauf aufmerksam werden. Am Ende dieser Phase besteht starker Wettbewerb, der dazu führt, dass einige Anbieter den Markt wieder verlassen. In der **Reifephase** reduziert sich die Wachstumsrate auf das übliche Marktwachstum, und es werden Variationen und Weiterentwicklungen des Produktes angeboten um die Reifephase möglichst lange lebendig zu halten. Die **letzte Phase** bezeichnet das Ende der Lebenszeit eines Produktes: Der Umsatz fällt, auf dem Markt werden andere oder bessere Produkte angeboten. Kurz: Die goldenen Zeiten sind dann vorbei ( Abb. 8.2).

## 8.1.5 Preisbildung und Preiskonzepte

Als letzter Grundbegriffe soll noch die Preisbildung behandelt werden: Warum wird ein Produkt zu welchem Preis angeboten? Wie oben schon erwähnt, beschäftigt sich das »zweite P« des Marketing-Mix mit dieser Thematik, die sich aber nicht mit wenigen Worten erklären lässt. Wie Sie den umfangreichen Ausführungen zu Kosten entnehmen konnten, beschäftigen sich viele Leute mit vielen unterschiedlichen Sichtweisen mit demselben Thema – und so ist es bei dem Preis auch.

Grundsätzlich gibt es eine Preisuntergrenze für jedes Produkt, die meistens durch die eigenen Kosten definiert ist. Eine Möglichkeit zur Preisfindung ist also der Aufschlag auf die eigenen Kosten. Darüber hinaus existieren verschiedene Strategien zur Preisfindung. Man kann sich alternativ zu den eigenen Kosten bei der Preisfindung an Konkurrenten orientieren. So versucht häufig der eine Lebensmitteldiscounter den anderen zu unterbieten. Prinzipiell kann man aber häufig tatsächlich davon ausgehen, was viele ohnehin im Hinterkopf haben: Der Preis bildet sich durch Angebot und Nachfrage, oder wie der berühmte Börsenexperte André Kostolany es ausgedrückt hat: »Die Kursentwicklung hängt allein davon ab,

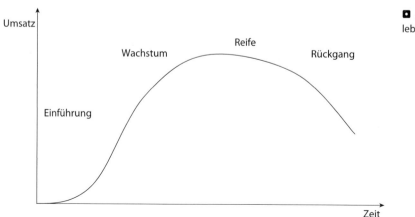

 **Abb. 8.2** Der Produktlebenszyklus

ob mehr Dummköpfe als Papiere da sind oder mehr Papiere als Dummköpfe!« Wir wollen Ihnen an dieser Stelle aber keine Angebots-Nachfrage-Kurven malen, sondern vielmehr darauf hinaus, was für unterschiedliche Strategien hinter der Preisfindung stecken. Es bestehen dabei Schnittstellen untereinander, und Preisstrategien gehen ineinander über, aber für den ersten Überblick stellen wir sie hier plakativ nebeneinander.

**Hochpreisstrategie.** Der Preis wird hierbei bewusst hoch gehalten, indem man einen exklusiven und zahlungskräftigen Markt bedient und sich über eine hohe Qualität definiert. Dementsprechend zielt eine angestrebte Qualitätsführerschaft (Produkt mit der besten Qualität) auch oft auf eine Hochpreisstrategie ab. Als Beispiel kann hier ein bekannter Sportwagenhersteller dienen, der generell keine Rabatte gibt, um einen ruinösen Preiswettbewerb zu verhindern und um auch die Gebrauchtwagenpreise hoch zu halten. Eine hohe Qualität ist Grundvoraussetzung für diese Strategie. Ein Hilfsmittel ist die Implementierung eines entsprechenden Markennamens.

**Niedrigpreisstrategie.** Die Niedrigpreisstrategie ist ganz anders: Der Preis dient hauptsächlich als Verkaufsargument. Um die gewünschten niedrigen Preise anbieten zu können, müssen natürlich die eigenen Kosten niedrig sein. Insofern hat diese Strategie oft ebenfalls die angestrebte Kostenführerschaft zur Folge. Ein Beispiel für eine solche Strategie sind einzelne Fluglinien, die für einen niedrigen Grundpreis auf jeglichen Service verzichten. Im niedergelassenen zahnärztlichen Bereich werden bei einer Niedrigpreisstrategie oft zahntechnische Arbeiten ins günstige Ausland verlagert, ein Discounter verzichtet konsequent auf Markenprodukte (hat sich allerdings durch diese Strategie mittlerweile selbst als Marke etabliert).

Die Gefahr bei einer Niedrigpreisstrategie ist, im Preiskampf eine Qualitätsuntergrenze zu unterschreiten. Jemanden zu finden, der ein Produkt billiger anbietet, ist oft leicht – die Grenze zu finden, ab der ein Produkt nichts mehr taugen würde, ist viel schwieriger. Dem Discounter scheint dies im Übrigen recht gut zu gelingen.

Auch in der zeitlichen Abfolge lassen sich unterschiedliche Strategien verfolgen. So kann man beispielsweise ein Produkt zu einem maximalen Preis einführen und diesen nach und nach senken, um nach und nach die Käufer zu bedienen, die jeweils ihren individuellen Maximalpreis dafür zahlen.

> **Beispiel**
>
> Im Jahre 2007 wurde ein populäres Mobiltelefon mit viel Berichterstattung neu eingeführt, Käufer haben Schlange gestanden, und nach gar nicht allzu langer Zeit der Marktpräsenz wurde der Preis deutlich gesenkt. Das Vorgehen ist nachvollziehbar: Das Telefon wurde zu einem hohen Preis erst denen verkauft, die viel dafür ausgeben können oder wollen, dann zu einem niedrigeren Preis allen anderen, die es sonst vielleicht nicht erstanden hätten. Damit hat man gleich zwei Märkte bedient.

Umgekehrt gibt es die Strategie, ein neues Produkt zu einem niedrigen Preis anzubieten; zum einen, um schnell einen hohen Marktanteil zu erreichen; zum anderen, um Wettbewerber vom Eintritt in dieses vermeintlich wenig lukrative Geschäft abzuhalten. Ist aber einmal das Revier markiert, können die Preise erhöht werden.

Gefährlich ist in Gefilden der Preisstrategie eine undifferenzierte Mittelfeldposition, die der schon erwähnte Michael Porter als »stuck in the middle« bezeichnet. Wenn man sich nicht auf einer Seite des Preisspektrums erfolgreich etablieren konnte, steckt man irgendwo in der Mitte und muss eventuell trotz höherer eigener Kosten einen Preiswettbewerb mitmachen.

## 8.2    Strategisches Marketing – mehr als Werbung

Strategisches Marketing beinhaltet zu großen Teilen das, was oft allgemein der Unternehmensführung zugerechnet wird. Um diese Schnittstelle zu verstehen, ist es wichtig, nochmals zu definieren, auf welche Bereiche des Unternehmens sich Marketing überhaupt erstreckt: Es ist nötig, alle unternehmerischen Aktivitäten auf den Markt bzw. den Kunden hin auszurichten, was auch bedeutet, die Auswahl der angebotenen Produkte und Dienstleistungen unter dem Blickwinkel der strategischen Planung zu betrachten. Zugegebenermaßen wirkt diese Vorstellung in der Medizin erst einmal fremd, aber auch hier hilft bestimmt ein Beispiel.

gungszentrum) oder eine Klinikambulanz daraus abzuleiten. Zum Vergleich: Das »falsche« Verständnis von Marketing würde hier dazu führen, eine Ambulanz, die seit Jahren vorhanden ist, weil sich zufällig der Chefarzt für dieses Gebiet interessiert, jetzt mit einer Broschüre auszustatten.

Zur Bestimmung der Positionierung bedient sich die Betriebswirtschaftslehre auch in diesem Fall wieder einer Matrix-Darstellung, der so genannten Ansoff-Matrix. Im Bereich des strategischen Marketings gilt sie als eines der bekanntesten Instrumente. Sie befasst sich damit, die Strategie für neue und vorhandene Produkte für neue und vorhandene Märkte abzuleiten und zu beschreiben (◘ Abb. 8.3).

Als Beispiel für ein Krankenhaus kann das bekannte Produkt »Arthroskopische Knie-OP« im bekannten regionalen Markt dienen (► Übersicht). Aus dieser Situation lassen sich nach Herrn Ansoff verschiedene ideale Strategien ableiten.

> **Beispiel**
>
> Marketing, so wie wir es nicht verstehen, wie es aber oft betrachtet wird, würde bedeuten, ein quasi zufällig vorhandenes Produkt entsprechend zu bewerben. Anders herum ist die zu stellende Frage, welches Produkt auf welchem Markt angeboten werden soll. Als Beispiel kann eine beliebige medizinische Behandlung dienen. Aus strategischer Sicht bedeutet Marketing hier, zu planen, welche ambulanten Leistungen man welcher Zielgruppe mit welchem Potenzial in welcher Lage anbieten möchte, und dann eine Praxis, ein MVZ (Medizinisches Versor-
>
> ▼

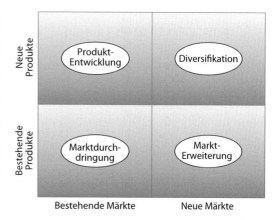

◘ **Abb. 8.3** Die Ansoff-Matrix zur strategischen Planung

**Die Ansoff-Matrix am Beispiel einer Arthroskopischen Knie-OP**

— Die Strategie der **Marktdurchdringung** hat zur Folge, dass mit dem bekannten Produkt der bestehende Markt weiter erschlossen wird. Ziel ist, alle Knie-OPs der Region durchzuführen. Das Unternehmen wächst mit vorhandenen Produkten in seinem aktuellen Markt und muss in einem Verdrängungswettbewerb mit den Konkurrenten seinen Marktanteil ausbauen.

— Mit der Strategie der **Markterweiterung** wird das Unternehmenswachstum erzielt, und zwar durch die Erschließung neuer Märkte für die bereits vorhandenen Produkte. Das beschriebene Krankenhaus kann mit seinem Know-how versuchen, Knie-OPs in weiter entfernten Krankenhäusern durchzuführen oder die gleiche Behandlung bei weiteren Diagnosen durchführen.

— **Produktentwicklung**: Das Unternehmen entwickelt neue Produkte für die bereits bestehenden Marktsegmente, in denen es tätig ist. So könnte allen operierten Patienten durch Errichtung einer Rehabilitationsklinik eine Anschlussheilbehandlung angeboten werden.

— **Diversifikation**: Das Unternehmen entwickelt neue Produkte für neue Märkte. So könnte zusätzlich versucht werden, für weitere Indikationen eine Anschlussheilbehandlung anzubieten.

Dieser idealisierte »Z-förmige« Ablauf durch die Matrix ist natürlich nur auf freien Märkten ohne Beschränkungen denkbar. Aus diesem Grunde ist die Ansoff-Matrix in Lehrbüchern für das Gesundheitswesen auch eher selten

▼

anzutreffen. Prinzipiell ist die hier dargestellte idealisierte Reihenfolge der verschiedenen Strategien zwar sinnvoll, die einzelnen Strategien können aber auch als Alternativen betrachtet werden.

## 8.3 PR und Kommunikation – was Sie vielleicht für Marketing hielten

Kommen wir zu dem Teil, der Ihnen am bekanntesten vorkommt: Hier beschäftigen wir uns tatsächlich mit der Öffentlichkeitsarbeit. Viele Krankenhäuser haben eine Stabsstelle »PR und Kommunikation«, und viele Leser würden auf die Frage nach den Aufgaben dieser Stelle darauf kommen, dass es etwas mit Broschüren, Öffentlichkeitsarbeit und dem Tag der offenen Tür zu tun hat.

Wie wir im Marketing-Mix dieses Kapitels bereits sahen, repräsentiert die Öffentlichkeitsarbeit nur einen Teil: Als das »P«, das für »promotion« steht, ist sie eine von vier Säulen, nämlich die, die nach der Gestaltung des Produktes (»product«), der Preisfindung (»price«, einen freien Markt vorausgesetzt) und der Definition des Absatzmarktes (»placement«), bestimmt, wie denn die vorgenannten Ziele erreicht werden (◘ Tab. 8.2).

Die Fragen, die im Rahmen der PR beantwortet werden, beziehen sich also im Wesentlichen darauf, wie das Produkt zum Kunden getragen wird, nachdem festgelegt ist, was denn das Produkt ist und welche Kunden es zu welchem Preis erreichen soll.

PR steht dabei für »Public Relations«, also Beziehung zur Öffentlichkeit, wobei die Öffentlichkeit alle Anspruchsgruppen repräsentiert. Anspruchsgruppen werden übrigens

**◘ Tab. 8.2** Die Fragen zum Marketing-Mix

| Elemente des Marketing-Mix | Die W-Frage |
|---|---|
| Product | Was? |
| Price | Welcher Preis? |
| Placement | Wohin? |
| Promotion | Wie? |

mittlerweile gerne »Stakeholder« genannt, was vermutlich einige Mitglieder der Vereine zur Wahrung der deutschen Sprache erbost, aber offenbar aus dem Business-Denglisch nicht mehr wegzudenken ist. Abzugrenzen ist der Begriff der PR vom CRM, was aber vermutlich für einige Krankenhäuser noch ein Schritt zu weit ist: CRM steht für »Customer Relationship Management«, also die Betreuung von Kundenbeziehungen. CRM behandelt als Marketing-Instrument mit Schnittstelle zu allen Bereichen des Marketings spezifischer die bereits vorhandenen Kunden, während die allgemeine Öffentlichkeitsarbeit sich auch mit Zielgruppen beschäftigt, die selbst keine direkten Kunden darstellen. Die PR-Abteilung einer Klinik würde sich entsprechend mit dem Kontakt zu Patienten, Einweisern, der Presse, Angehörigen etc. beschäftigen.

Falls Sie bislang dachten, Ihre Klinik hätte eine Marketing-Abteilung, schauen Sie genau hin: Viele Kliniken haben nur eine PR-Abteilung, auch wenn Marketing oft gut täte. Im Übrigen ist Marketing nicht zwingend anrüchig: Es hat zwar oft den Beigeschmack, Kunden etwas zu verkaufen, von dem sie nicht wussten, dass sie es brauchen, aber das stimmt so nicht. Vielmehr gilt der Spruch »Tue Gutes und rede darüber«. Was als »gut« anzusehen ist und wie man dort hingelangt, kann man im Rahmen

des strategischen Marketings herausfinden – und darüber zu reden ist Aufgabe der PR.

## 8.4 Corporate Identity & Co. – »We are family«

Corporate Identity (CI) hat fast jeder schon einmal gehört: Irgendwie hat es damit zu tun, sich mit seinem Unternehmen zu identifizieren, oder? Und was sollen all diese Begriffe mit »Corporate XY«? Fangen wir vorne an: Wenn man davon ausgeht, dass ein Unternehmen genauso sympathisch oder unsympathisch wahrgenommen werden kann wie jeder von uns selbst als Person, dann erschließt sich, dass sich ein Unternehmen als Ziel der öffentlichen Wahrnehmung gegebenenfalls einen Imageberater zulegen sollte. Dieser rät zu einem positiven Image, das das Unternehmen anstreben sollte. Das ist schon die Idee der Corporate Identity: Die Identität des Unternehmens, so wie sie wahrgenommen werden sollte. Deshalb tauchen auch Popstars, die durch Drogenexzesse bekannt worden sind, gerne möglichst bald nach den unangenehmen Presseberichten auf wohltätigen Veranstaltungen auf, loben dort den Genuss von Wasser und verabscheuen demonstrativ alles darüber hinaus (falls die hoffentlich überwundene Drogensucht einen solchen Auftritt zulässt). Wobei eine CI per se nichts Schlechtes und nichts Künstliches sein muss, sondern meistens aus einer Neutralität heraus entsteht. Um diese (neue) Identität eines Unternehmens herum siedeln sich nun alle weiteren »Corporate XYs« an (◘ Abb. 8.4).

Die CI steht dabei in der Mitte und wird durch die anderen Vertreter der Familie nach außen repräsentiert. Das Corporate Design (CD) bestimmt z. B. das optische Auftreten nach außen, also das, was man als Logo oder wiederkehrende Farben wiedererkennt. Dieser Teil wird oft synonym für das gesamte Unter-

**Abb. 8.4** Die Corporate Identity und ihre »Familie«

nehmen wahrgenommen, und so fallen Ihnen zu drei deutschen Autoherstellern auch direkt die entsprechenden Logos ein. Gleiches versuchen auch die Krankenhäuser oder Krankenhausketten, sind aber im Schnitt bei weitem noch nicht so fortgeschritten. Trotzdem fallen Ihnen vielleicht Kliniken ein, mit denen Sie die Farbe Grün oder Blau assoziieren.

Warum aber ist der Prozess der Markenbildung so wichtig? Durch die Markenbildung wird eine wichtige psychologische und ökonomische Positionierung geschaffen, die zum einen die Abgrenzung gegenüber Mitbewerbern ermöglicht, zum anderen die Voraussetzung schafft, die eigenen Produkte zu einem adäquaten Preis zu verkaufen. Ein Beispiel dazu:

**Beispiel**

Im niedergelassenen zahnärztlichen Bereich gibt es derzeit drei Trends:
1. Die Positionierung als Premium-Anbieter, die es ermöglicht, Patienten mit hohen Zuzahlungen zu behandeln. »Das kostet zwar mehr, aber das ist es wert.«
2. Die Positionierung als Niedrigpreisanbieter ohne Zuzahlung. Hier wurde in

▼

der letzten Zeit versucht, verschiedene Marken mit unterschiedlichem Erfolg zu etablieren.
3. Die (ungewollte) Positionierung in der Mitte: Der Hauszahnarzt, der seine Praxis in den letzten 20 Jahren nicht verändert hat und auf treue Patienten hofft, die ihrerseits die Qualität der Arbeit schätzen, ohne einordnen zu können, wie die Preise sind.

Und jetzt überlegen Sie einmal, welche Praxen dieser drei Möglichkeiten am ehesten über eine Marke verfügen. Unserer Erfahrung nach sind das Nummer 1 und Nummer 2, die dann mit einer unterschiedlichen Strategie arbeiten. Mit Nummer 3 hingegen verbindet man nichts und ist in der Position, die Michael Porter als »stuck in the middle« bezeichnet. Hier wird wiederum die Verknüpfung zur Preisstrategie deutlich.

Es gibt aber natürlich noch viel mehr Differenzierungsmerkmale für die Markenwahrnehmung, wie man z. B. daran sehen kann, ob Automobile als sicher, sportlich luxuriös etc. gelten. All das wird möglichst schon durch die Marke repräsentiert. In Bezug auf eine Marke kann man verschiedene Formen unterscheiden: Es gibt Wort- und Bildmarken. Eine **Wortmarke**, wie der Name vermuten lässt, beschränkt sich dabei auf den tatsächlichen Namen oder Namenszug. Der Stern eines Automobilherstellers z. B. repräsentiert eine **Bildmarke**, ebenso wie das goldene M der Burger-Braterei. Gemischte Formen sind dann entsprechend Wort-/Bildmarken, bei denen ein Name mit einer unverwechselbaren Darstellung verknüpft ist.

Des Weiteren gibt es noch so genannte **Dachmarken**. Das sind Marken, die wiederum mehrere Einzelmarken unter einem Dach beherbergen. Ein Beispiel hierfür ist die Firma Kraft® Foods, die u. a. die Einzelmarken Milka, Jacobs Kaffee und Mirácoli vertreibt. Diese Strategie eignet sich häufig, wenn bereits starke Einzelmarken bestehen. Sollte hypothetisch jemand die Charité übernehmen, wird wahrscheinlich kritisch überlegt werden, ob man daraus eine »XY-Klinik Berlin« macht. Wenn sich hingegen Kliniken ohne eigene Marke zusammenschließen, empfiehlt es sich eher, daraus nur eine starke Einzelmarke zu etablieren. So geschieht es dann ja auch bei der Übernahme neuer Kliniken durch große Klinikbetreiber, die dann oft »XY-Klinik Z-Stadt« heißen.

Nun noch zu den anderen Cs:

- **Corporate Communication (CC)** beinhaltet die Kommunikation innerhalb des Unternehmens genauso wie die nach außen.
- **Corporate Behaviour (CB)** beschreibt Regeln für das Verhalten der Mitarbeiter intern und extern.
- **Corporate Responsibility** (auch als Corporate Social Responsibility oder Corporate Citizenship bezeichnet) beschreibt das bürgerschaftliche Engagement eines Unternehmens, meistens im Sinne von sozialem Engagement. Kritisch wird dieser Punkt allerdings manchmal als reine PR-Maßnahme gewertet.

Über Markenbildung und Markenführung lohnt es sich, eigene Bücher zu schreiben, ist es doch ein vielfältiges und interessantes Feld. Insbesondere in der Medizin ist dieses Thema noch nicht so weit im Fokus wie in anderen Branchen.

## 8.5    Aktuelles aus der Marketing-Welt – Guerillas, Viren etc.

Wir möchten abschließend noch kurz über aktuelle Trends im Marketing berichten, woran Sie auch erkennen, dass Marketing vermutlich einem stärkeren Wandel unterliegt als die Kostenrechnung. Die aufgeführten Beispiele weisen auf den ersten Blick viele Aspekte von Werbung auf, die sich allerdings nur dann erfolgreich durchführen lässt, wenn sie auch auf die entsprechenden Produkte mit den entsprechenden Preisen bezieht.

**Virales Marketing.** Virales Marketing beschreibt im Wesentlichen das, was unter dem Begriff »Mundpropaganda« bekannt ist. Informationen werden gestreut und verbreiten sich wie ein Virus epidemisch. Somit müsste diese Form der Medizin ja sympathisch sein. Der Unterschied zur reinen, zufälligen Mundpropaganda besteht darin, dass Informationen bewusst und gezielt gestreut werden. Als Beispiel mag eine vor einiger Zeit zu sehende Werbekampagne für einen Horrorfilm dienen, der in der Kinovorschau nur einen unklaren Trailer mit wenigen Informationen bot (gerne als »Teaser« bezeichnet), was dazu führte, dass fieberhaft im Internet nach Hintergründen und weiteren Informationen gesucht wurde und der Film »in aller Munde« war. Um einen Irrtum auszuräumen: Virales Marketing ist keine billige Werbevariante, um Anzeigen zu sparen, sondern einfach ein anderes Konzept.

8.5 · Aktuelles aus der Marketing-Welt – Guerillas, Viren etc.

123  **8**

**Crowdsourcing.** Beschreibt das Auslagern von Marketing-Aktivitäten an die breite Masse: Ein Beispiel sind Wettbewerbe, bei denen privat gedrehte Werbefilme eingesandt werden können. Die Sieger werden dann prämiert und tatsächlich als Spot verwendet. Hintergrund, wie schon beim Publikumsjoker von »Wer wird Millionär«: Die Masse ist intelligenter als man denkt!

**Guerilla-Marketing.** Schon in den 20er Jahren des letzten Jahrhunderts erschien das Kinderbuch »Kai aus der Kiste«, das den Wettbewerb einer Kinderbande mit einem Reklamefachmann zum Thema hatte. Die Bande konnte mit ungewöhnlichen Aktionen quasi über Nacht ihr Markenzeichen bekannt machen und dem Fachmann so den Rang ablaufen. Falls Sie »Kai aus der Kiste« nicht kennen: Allgemein bezeichnet Guerilla-Marketing den Einsatz von unkonventionellen Marketing-Techniken. Anscheinend hat sich außer Kindern lange niemand dafür interessiert, aber mittlerweile ist dieses Verfahren in der Marketing-Branche angekommen, bedient sich ungewöhnlichen Aktionen und gibt unter dem Namen »Guerilla-Marketing« vor, ein neuer Trend zu sein. So laufen z. B. bei Fußballspielen mal mehr oder weniger nackte Menschen mit aufgemalten Firmenlogos oder Internetadressen über das Spielfeld, was von den jeweiligen Firmen dann allerdings nicht offiziell beauftragt wurde.

**Mystery Shopping.** Eigentlich ein einfaches Prinzip, nämlich das der versteckten Kamera. Testkäufer prüfen im Auftrag von Firmen deren Produkte oder Services. Etwas, das auch Krankenhäusern gut täte, aber die Erkenntnis, dass nervende Wartezeit für eine schlechte Organisation und nicht für besondere Beliebtheit des brillanten Chefarztes spricht, hat sich leider noch nicht bis in alle Kliniken herumgesprochen.

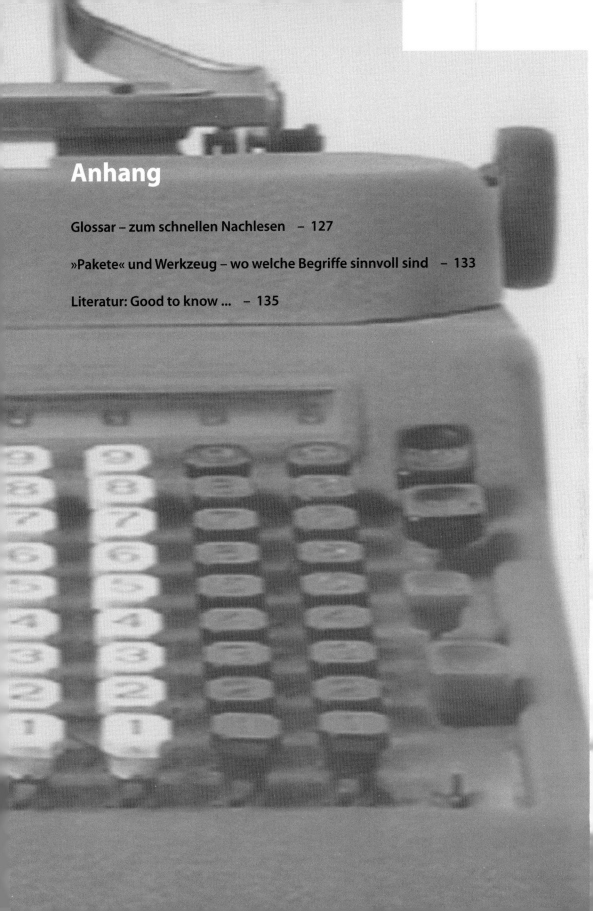

# Anhang

# Glossar – zum schnellen Nachlesen

### ABC-Analyse oder 80/20-Regel

Ein Verfahren zur Priorisierung von Aufgaben, Problemen und Produkten. Es teilt die zu priorisierende Menge in mehrere Bereiche auf, die dann nach absteigender Bedeutung geordnet werden. Der ursprünglichen Regel zufolge bedingen 20% der Ursachen oft 80% der Auswirkungen.

### Ansoff-Matrix

Auch als Produkt-Markt-Matrix bezeichnet. Mit ihr werden Strategien nach neuen und bestehenden Produkten und neuen und bestehenden Märkten unterschieden und Strategien daraus abgeleitet.

### Balanced Scorecard (BSC)

Konzept, das die Mission und Strategie eines Unternehmens in Ziele und Kennzahlen übersetzt. Dabei werden in der häufigsten Form die finanzwirtschaftliche Perspektive, die Kundenperspektive, die interne Prozessperspektive und die Lern- und Entwicklungsperspektive unterschieden. Ziel ist es, die Leistungsfähigkeit und Effektivität einer Organisation zu erfassen und dabei sowohl Finanzkennzahlen als auch menschliche Faktoren zu berücksichtigen.

### BCG-Matrix

Matrix zur Darstellung von Produkten anhand des relativen Marktanteils auf der einen Achse und des Marktwachstums auf der anderen Achse. Die vier Quadranten sind benannt (z. B. »Cash Cow« oder »Poor Dog«) und mit Standardstrategien hinterlegt. Die Darstellungsform wurde von der Boston Consulting Group (BCG) entwickelt.

### Benchmarking

Vergleich von Kennzahlen oder generell Ausprägungen eines Unternehmens mit dem jeweils »Klassenbesten«. Wichtig ist, dass es sich nicht um den Vergleich mit dem Durchschnitt handelt, auch wenn Benchmarking in der Realität oft so gehandhabt wird.

### Betriebserfolg

Differenz zwischen Kosten und Erlösen aus der eigentlichen und typischen Tätigkeit des Unternehmens, also z. B. ohne Soll- und Habenzinsen oder Erträge aus Beteiligungen. Der Betriebserfolg ist ein Ausdruck des Internen Rechnungswesens.

### Betriebsergebnis

Differenz zwischen Aufwand und Ertrag aus der eigentlichen und typischen Tätigkeit des Unternehmens, also z. B. ohne Soll- und Habenzinsen oder Erträge aus Beteiligungen. Das Betriebsergebnis ist ein Ausdruck des Externen Rechnungswesens.

### Bilanz

Bestandteil des Jahresabschlusses. Aufstellung der Herkunft und Verwendung des Vermögens eines Unternehmens zu einem bestimmten Stichtag. Die Seite der Aktiva zeigt dabei die Mittelverwendung an, die der Passiva, woher die Mittel stammen.

### Bottom-Up versus Top-Down

Zwei verschiedene Ansätze zur Etablierung von Änderungen, die sich allerdings auch kombinieren lassen.

## Cash Flow

Durch betriebliche Tätigkeiten erwirtschafteter Zufluss liquider Mittel während einer Periode. Klingt unverständlich, meint aber den erwirtschafteten Überschuss an Zahlungsmitteln und ist somit oft aussagekräftiger als der Jahresüberschuss aus der GuV, da man den rein theoretisch bilanziell auch irgendwo »verstecken« kann.

## Center-Konzept

Unterscheidet die Verantwortung wirtschaftlicher Einheiten: Es wird häufig zwischen Cost-Center, Profit-Center, Investment-Center und Revenue- oder Service-Center unterschieden.

## Cost-Center

Bezeichnet eine Unternehmenseinheit mit Budgetverantwortung (und somit Kostenverantwortung), ähnlich einigen Fachabteilungen im Krankenhaus. Darüber hinaus gibt es auch andere Centers (z. B. Profit-Center) mit jeweils unterschiedlichen Voraussetzungen.

## Deckungsbeitrag

Ist die Differenz zwischen den erzielten Erlösen und den variablen Kosten. Dieser Betrag steht zur Deckung der Fixkosten zur Verfügung. Ein Deckungsbeitrag kann für ein einzelnes Produkt, eine Gruppe von Produkten oder als Summe aller Produkte berechnet werden.

## DRG

Diagnosis Related Groups, in deutscher Fassung nach dem InEK

## Duale oder dualistische Finanzierung

Bezeichnet die auf zwei Säulen basierende Finanzierung von Krankenhäusern. Laufende Kosten werden größtenteils über Fallpauschalen von den Krankenkassen bezahlt, während die Investitionen durch die jeweiligen Bundesländer erfolgen.

## Du-Pont-Schema

Das weltweit älteste und bekannteste System zu Unternehmenssteuerung, das auf logisch aufgebauten Kennzahlen basiert. Als Steuerungs-, Planungs- oder Kontrollinstrument verbreitet.

## Einzel- und Gemeinkosten

Einzelkosten sind alle Kosten, die einem Produkt oder einer Leistung direkt zugeordnet werden können. Gemeinkosten können nicht direkt zugerechnet werden und müssen über einen Verteilungsschlüssel auf die jeweiligen Produkte oder Leistungen verteilt werden.

## Ersatz- und Erweiterungsinvestitionen

Bei der Anschaffung von Investitionsgütern wird unterschieden zwischen Gütern, die mit der gleichen Funktion bereits vorhanden sind, und solchen, durch die neue Produkte oder Dienstleistungen angeboten werden können.

## Erfahrungskurve

Management-Konzept, in dem unterstellt wird, dass die Kosten pro Stück oder Leistung konstant sinken, wenn sich die kumulierte Ausbringungsmenge erhöht. Je mehr Pankreas-Operationen, desto günstiger die einzelne OP also.

## Factoring

Verkauf von ausstehenden Forderungen eines Unternehmens, um möglichst kurzfristig das Geld für zu bekommen, anstatt selbst hinterherlaufen zu müssen. Beispielsweise verkauft man eine Forderung über 100 € für 95 € an einen Dritten, die man dafür aber sofort bekommt.

## Five Forces

Siehe Porter's Five Forces.

## Funktionale Organisationsform

Organisationsform, die sich nach den verrichteten Aufgaben richtet. Unter dem Chef gibt also die Abteilung »Einkauf«.

## Gewinn- und Verlustrechnung (GuV)

Ein Bestandteil des Jahresabschlusses. Gegenüberstellung von Erträgen und Aufwendungen eines Geschäftsjahres zur Ermittlung des unternehmerischen Erfolges. Dieser wird als Jahresüberschuss bzw. Jahresfehlbetrag bezeichnet.

## InEK

Das Institut für das Entgeltsystem im Krankenhaus ist ein Organ der Selbstverwaltung, gegründet im Rahmen der DRG-Einführung und bestehend aus Vertretern der Gesetzlichen Krankenversicherung (GKV), der Privaten Krankenversicherung (PKV) und der Deutschen Krankenhausgesellschaft (DKG).

## Jahresabschluss

Abschluss eines kaufmännischen Geschäftsjahres. Er stellt die finanzielle Lage und den Erfolg eines Unternehmens fest. Meist bestehend aus Bilanz und GuV, es gibt aber je nach rechtlicher Anforderung auch andere Bestandteile.

## Jahresabschlussprüfung

Gesetzlich vorgeschriebene Prüfung des Jahresabschlusses durch einen externen Wirtschaftsprüfer. Vorgeschrieben nach Handelsgesetzbuch für alle mittelgroßen und großen Kapitalgesellschaften.

## Kapitalkosten

Kosten, die einem Unternehmen dadurch entstehen, dass es sich für Investitionen Fremdkapital leiht oder Eigenkapital einsetzt.

## KHBV

Verordnung über die Rechnungs- und Buchführungspflichten von Krankenhäusern. Die Abkürzung steht für »Krankenhausbuchführungsverordnung«.

## KHEntgG

Das Krankenhausentgeltgesetz regelt die DRG-Vergütung in deutschen Krankenhäusern. Gesetz über die Entgelte für voll- und teilstationäre Krankenhausleistungen.

## Kostenartenrechnung

Die Kostenartenrechnung ist vor der Kostenstellen- und der Kostenträgerrechnung die erste Stufe der Kosten- und Leistungsrechnung. Die angefallenen Kosten werden erfasst, bewertet und nach einzelnen Kostenarten, wie z. B. Sach- oder Personalkosten, zugeordnet.

## Kostenmatrix

Aufteilung von Erlösen je DRG nach den Kostenarten und Kostenstellen des InEK-Kalkulationshandbuches. Man erfährt hieraus, welches »Budget« je DRG einem Krankenhaus zur Verfügung steht, was allerdings abhängig von der Aufgabenverteilung zwischen Personalgruppen und je nach Materialeinsatz erheblich variieren kann.

## Kostenstellenrechnung

Die Kostenstellenrechnung ist nach der Kostenarten- und vor der Kostenträgerrechnung die zweite von drei Stufen der Kosten- und Leistungsrechnung. Die Kosten werden danach erfasst, wo sie angefallen sind. Eine Kostenstelle ist der organisatorische Ort der Kostenentstehung und der Leistungserbringung. Eine Krankenhausabteilung kann beispielsweise eine Kostenstelle darstellen.

## Kostenträgerrechnung

Die Kostenträgerrechnung ist nach der Kostenarten- und der Kostenstellenrechnung die dritte Stufe der Kosten- und Leistungsrechnung. Ein Kostenträger ist ein Bezugsobjekt (Produkt, Produktgruppe oder ähnliches) dem die Kosten zugerechnet werden.

## KVP

Kontinuierlicher Verbesserungsprozess (auch: Kaizen). Methode bzw. Werkzeug zur Prozessoptimierung.

## Lagebericht

Bestandteil des Jahresabschlusses. Es wird die derzeitige und die zukünftige Situation des Unternehmens hinsichtlich möglicher Chancen und Risiken dargestellt.

## Lernkurve

Beschreibt den Zusammenhang zwischen Dauer bzw. Kosten und Häufigkeit der Wiederholung eines Prozesses. Die Arbeitskosten je Produkt- bzw. Leistungseinheit sinken bei Steigerung der kumulierten Produktionsmenge.

## Managerial grid bzw. Verhaltensgitter

Matrix, die den Führungsstil nach Aufgabenorientierung und Mitarbeiterorientierung unterscheidet und mit Werten hinterlegt. Die geringste Ausprägung ist die Kombination 1/1, der höchste Wert die 9/9. Werte oberhalb von 5/5 werden von den »Erfindern« Blake und Mouton als günstig angesehen.

## Markt

Der Markt für ein Produkt oder eine Dienstleistung unterscheidet sich meist in räumlicher und in sachlicher Hinsicht. Genau genommen kann man den Markt auch zeitlich differenzieren, was aber oft nicht praktikabel ist.

## Marketing-Mix

Zusammenfassende Beschreibung der Aktionsbereiche Produkt-, Preis-, Distributions- und Kommunikationspolitik des klassischen Marketings. Diese Aktionsbereiche des klassischen Marketings sollten immer miteinander abgestimmt sein.

## Matrixorganisation

Organisationsform, bei der die funktionale mit einer divisionalen Organisationsstruktur kombiniert wird.

## Ökonomisches Prinzip

Forderung, dass zwischen Mitteleinsatz und Ertrag ein optimales Verhältnis bestehen sollte. Genauer gesagt, gibt es hier das Minimum-, Maximum- und Optimum-Prinzip.

## Organisationsformen

Klassischerweise werden zwei Formen unterschieden und zu einer dritten kombiniert: die funktionale Organisation, die divisionale oder Spartenorganisation und die kombinierte Matrixorganisation.

## Pareto-Prinzip

Siehe ABC-Analyse.

## PDCA-Zyklus

Management-Tool, welches zur Verbesserung von Prozessen und Produkten einen Kreislauf von Planen, Handeln, Kontrollieren und Reagieren (Plan-Do-Check-Act) initialisiert. Der PDCA-Zyklus findet ebenfalls Anwendung beim kontinuierlichen Verbesserungsprozess.

## Personalbedarfsrechnung

Klassischerweise nennen wir zwei wichtige Methoden, eine dritte etabliert sich seit wenigen Jahren: die Arbeitsplatzmethode, die Kennzahlenmethode und die Methode der Kostenmatrix.

## Porter's Five Forces

Das Fünf-Kräfte-Modell ermöglicht eine Analyse der Wettbewerbsposition eines Unternehmens oder einer Branche. Die Rivalität zwischen existierenden Unternehmen, die Verhandlungsmacht der Zulieferer, die Verhandlungsmacht der Kunden, die Bedrohung durch den Markteintritt neuer Konkurrenten und die Bedrohung durch substitutive Produkte oder Dienstleistungen werden analysiert.

### Profit-Center

Eigenständige Unternehmenseinheit, die für Erlöse und Kosten und demzufolge für den eigenen wirtschaftlichen Erfolg verantwortlich ist.

### Prozesskostenrechnung

Die Prozesskostenrechnung (PKR) ist ein Instrument, das die Kosten der indirekten Leistungsbereiche (z. B. Einkauf, Personal und IT) ermittelt. Ziel ist es, die Gemeinkosten nicht mehr nach Zuschlagssätzen, sondern beanspruchungsgerecht den einzelnen Produkten oder Leistungen zuzuordnen.

### Rationalisierungsinvestition

Durch eine Rationalisierungsinvestition soll ein bereits angebotenes Produkt oder eine Dienstleistung mit einem geringeren Input von Sach- und Personalkosten erstellt werden können. Die Kosten für die Investition sollten durch die zukünftigen Einsparungen kompensiert werden.

### Rechtsform

Die Rechtsform definiert die gesetzlichen Rahmen einer Gesellschaft. Sie hat u. a. Auswirkungen auf die Veröffentlichungspflichten, auf die Haftung, Besteuerung und die vorgeschriebenen Leitungsorganen.

### Rentabilität

Unter Rentabilität (auch als Rendite bezeichnet) versteht man die Verzinsung des eingesetzten Kapitals. Dieses wird vielfach in Eigen- und Gesamtkapital unterschieden.

### Return on Investment (ROI)

Rentabilität des Gesamtkapitals.

### Six-Sigma

Wie der KVP (Kontinuierlicher Verbesserungsprozess, siehe oben) ist Six-Sigma ein Modell der Prozessoptimierung, das auf anderen, sehr mathematischen Methoden basiert, verschiedene Standardinstrumente benennt und als Grundkonzept die faktische Fehlerfreiheit propagiert.

### Spartenorganisation

Auch als divisionale Organisation bezeichnet. Organisationsform, in der eine Gliederung von Organisationseinheiten nach Produkten, Kundengruppen oder Absatzgebieten erfolgt.

### Sprungfixe Kosten

Kosten, die nur innerhalb gewisser Intervalle konstant sind. Bis zu einer gewissen Kapazitätsgrenze fallen keine weiteren Kosten an. Wird diese Kapazitätsgrenze, beispielsweise Untersuchungen pro Tag, überschritten, werden zusätzliche Kosten für Mitarbeiter oder zusätzliches Gerät notwendig.

### SWOT-Analyse

Analyse der Stärken, Schwächen, Chancen und Risiken eines Unternehmens oder einer Abteilung. Man kann die Analyse in einen internen und einen externen Teil unterscheiden: intern sind dabei die eigenen Stärken und Schwächen, extern die Chancen und Risiken durch äußere Umstände.

### Target Costing

Siehe Zielkostenrechnung.

### Teilkosten

Kostenrechnung auf der Basis variabler Kosten bzw. Einzelkosten.

## Value Chain

Siehe Wertschöpfung.

## Variable Kosten und Fixkosten

Variable Kosten sind abhängig von der hergestellten Produktions- oder Leistungsmenge (z. B. Kosten für eine einzelne Prothese). Fixe Kosten wie beispielsweise Personal oder Miete sind kurzfristig unabhängig von der erbrachten Leistungsmenge konstant.

## Vollkosten

Kostenrechnung auf der Basis variabler und fixer Kosten.

## Vorgehensmodelle

Man kann grob zwei Alternativen unterscheiden: die klassische Methode zur Umsetzung von Vorhaben, die auf den Stufen Ist-Analyse → Soll-Konzept → Umsetzung basiert, und die umgekehrte Herangehensweise: Soll-Konzept → Lückenanalyse (»Gap-Analyse«) → Füllen der Lücke. Dieser zweite Ansatz wird auch als »Greenfield-Approach« oder »Grüne-Wiese-Prinzip« bezeichnet: Wie würde man etwas machen, wenn man es ganz neu machen würde?

## Wertschöpfungskette (auch: Value Chain)

Alle Prozesse, die in einem Unternehmen zur Schaffung von Mehrwert beitragen. Diese werden in Primärprozesse und Sekundärprozesse unterschieden. Erstere können einen direkten Bezug zur Leistungserstellung aufweisen. Sekundärprozesse haben lediglich einen indirekten Bezug zur Leistungserstellung. Beispiele für Sekundärprozesse wären in einem Krankenhaus alle Bereiche, die keinen unmittelbaren Kontakt zum Patienten haben. Ursprünglich beschrieben von Michael Porter.

## Zielkostenrechnung

Konzept zur retrograden Kalkulation, das von dem Preis ausgeht, den ein Produkt oder eine Leistung kosten darf. Im Vordergrund steht die Frage »Was darf mein Produkt kosten?«, nicht mehr »Was wird mein Produkt kosten?«.

# »Pakete« und Werkzeug – wo welche Begriffe sinnvoll sind

Der Grundgedanke dieser Checklisten ist es, »Pakete« oder Werkzeugkisten für verschiedene Situationen zusammenzustellen. Welche Begriffe sollte man also kennen, und welche Instrumente kann man nutzen, bevor man sich z. B. in eine Reorganisation begibt? Wir haben dabei inhaltlich unterschieden, wohlwissend, dass eine absolute Trennschärfe nicht erreicht werden kann, allerdings auch gar nicht soll. Natürlich sind diese Listen nicht erschöpfend, sie gliedern jedoch die Begriffe aus dem Buch und dem Glossar und fassen sie thematisch zusammen.

## Etablieren neuer Untersuchungs- oder Behandlungsmethoden

- ABC-Analyse oder 80/20-Regel: Relevantes Erkennen und Priorisieren
- Matrixdarstellung: Aufwand und Effekt der Neueinführung darstellen
- Personalbedarfsberechnung
- Porter's Five Forces: Den Markt analysieren und abschätzen
- SWOT-Analyse: Interne und externe Faktoren berücksichtigen
- Siehe auch: Investition und Finanzierung

## Investition und Finanzierung

- Duale oder dualistische Finanzierung: Gibt es Fördermittel?
- Kostenmatrix nach dem InEK-Kalkulationshandbuch
- Kapitalkosten
- Ersatz- und Erweiterungsinvestitionen
- Rationalisierungsinvestitionen

## Marketing, PR und Presse

- Ansoff-Matrix
- Markt: räumlich und sachlich
- Marketing-Mix: Die 4 Ps
- Preisstrategie: Hoch- oder Niedrigpreisstrategie?
- Corporate Identity & Co.

## Reorganisation und Verbesserungsmaßnahmen

- ABC-Analyse oder 80/20-Regel: Relevantes Erkennen und Priorisieren
- Benchmarking: Wie machen es die Besten?
- Bottom-Up/Top-Down
- KVP/Six-Sigma: Der Werkzeugkasten
- Lernkurve
- PDCA-Zyklus
- Vorgehensmodelle: Klassisch oder »Grüne Wiese«?

## Personal, Aufbauorganisation und Management

- Center-Konzept: Profit oder Cost-Center?
- Managerial grid: Aufgaben- und Mitarbeiterorientierung
- Organisationsformen: Funktional, divisional oder als Matrix?
- Personalbedarfsberechnung
- Management by objectives: Zielvereinbarung etc.
- Erfahrungskurve

## Rechnungswesen und Controlling

- Betriebserfolg und Betriebsergebnis
- Cash Flow
- Deckungsbeitrag
- Factoring
- Kostenarten-, Kostenstellen- und Kostenträgerrechnung

- Kostenmatrix nach dem InEK-Kalkulationshandbuch
- Variable- und Fixkosten

## Strategie und Planung
- ABC-Analyse
- Balanced Scorecard (BSC)
- Kennzahlen und Du-Pont-Schema
- Ansoff-Matrix
- SWOT-Analyse
- Vorgehensmodelle: Klassisch oder »Grüne Wiese«?
- Marketing-Mix: Die 4 Ps
- Erfahrungskurve

# Literatur: Good to know ...

»The secret to creativity is knowing how to hide your sources.« (Albert Einstein)

Mit diesem Kapitel verfolgen wir mehrere Ziele: Zum einen wollen wir zu den einzelnen Kapiteln vertiefende Literaturhinweise gegeben, zum anderen einige Standardwerke vorstellen, die Betriebswirte kennen, so wie die meisten Mediziner den »Herold« kennen.

Die meisten Bücher erscheinen in mehr oder weniger regelmäßigen Abständen in aktualisierter Auflage. Um Sie nicht seitenweise mit ISBN zu langweilen, erfolgen die Hinweise hier nur unter Nennung von Autoren und Titel. Die Liste erhebt natürlich nicht den Anspruch auf Vollständigkeit. Eine gewisse Wertung findet zwar bereits durch die Nennung statt, weitergehende Bewertungen erlauben wir uns aber (bis auf wenige Ausnahmen) nicht. Den »Herold« kennen Mediziner oft, ob man aber gut damit zurechtkommt oder lieber ein ausführliches Lehrbuch bevorzugt, bleibt jedem selbst überlassen. So verhält es sich auch mit diesen Literaturhinweisen. Schauen Sie selbst ...

## Links

Wir wollen keine Werbung machen. Und auch keinen Anspruch auf Vollständigkeit erheben, aber ein paar weiterführende, kostenfreie Websites sollen an dieser Stelle doch genannt sein:

http://www.12manage.com/: Selbstbeschreibung: »Management Methods, Models and Concepts«. Stimmt. Enthält zahlreiche Listen, Checklisten, Begriffe, Links etc. Zum stundenlangen Surfen geeignet.

www.4managers.de: »Themen, Tipps und Trends für Manager« lautet die Beschreibung auf der Homepage und beschreibt damit den Inhalt der Seite recht treffend. Es werden viele Begriffe und Tools erklärt.

http://asrs.arc.nasa.gov: Aviation Safety Reporting System, amerikanisches CIRS für die Luftfahrt. Sehr spannend, wegen zahlreicher Abkürzungen in den Berichten allerdings schwer lesbar.

www.brandeins.de: Texte des (im positiven Sinne) außergewöhnlichen Wirtschaftsmagazins sind hier im Vollzugriff verfügbar.

www.checkliste.de: Selbstbeschreibung: »Frei zugängliche Checklisten, Vorlagen und Problemlösungen auf deutschen Internetseiten«. Unter dem Menüpunkt »Unternehmen« finden sich zahlreiche Checklisten mit wirtschaftlichem Hintergrund.

http://www.cirsmedical.de/: Fehlermeldeportal für Ärzte in Deutschland: Lesenswert.

http://www.jeder-fehler-zaehlt.de/: Fehlermeldesystem für den hausärztlichen Bereich.

http://www.risknet.de/: Informationen zum betriebswirtschaftlichen Risikomanagement. Interessante Informationen und Biografien, aktuelle Trends und ein umfangreiches Glossar.

www.wikipedia.de: Auch hier gilt das Gesetz des Publikumsjokers: Das Open-Source-Lexikon ist zwar nicht fehlerfrei, aber sehr umfangreich.

http://www.wirtschaftslexikon24.net/: Umfangreiches Begriffslexikon zum Nachlesen.

## Grundlagen

Fleßa: »Grundzüge der Krankenhausbetriebs-
lehre«

Ein guter Überblick in Krankenhausbe-
triebswirtschaftslehre.

Hartenstein et al.: »Karriere machen: Der Weg
in die Unternehmensberatung«

Nicht nur interessant, wenn Sie die kurative
Medizin verlassen möchten. Es bietet darüber
hinaus einen kurzen und prägnanten Über-
blick über ökonomische Grundkonzepte und
Analysemethoden. Darüber hinaus enthält das
Buch viele »Denksportaufgaben« in Form von
Fallstudien.

Küting: »Der große BWL-Führer – die 50 wichtigsten Strategien und Instrumente zur Unternehmensführung«

Interessanter Überblick von bekannten Autoren.

Mentzel: »BWL Grundwissen« (TaschenGuide)

Quasi ein Kitteltaschenbuch, teilweise sehr
knapp, aber gut lesbar und komprimiert. Für
einen Überblick gut!

Schierenbeck: »Grundzüge der Betriebswirtschaftslehre«

Ebenfalls ein Standardnachschlagewerk,
gute Ergänzung zum »Wöhe«, da es oft andere Herangehensweisen an die gleiche Thematik
hat.

Wöhe: »Einführung in die Allgemeine Betriebswirtschaftslehre«

*Das* Standardwerk der Betriebswirtschaftslehre. Viel zu ausführlich, um es im Bett abends
mal eben durchzulesen. Kein Werk für das Ge-
samtverständnis, aber ein unerlässliches Nach-
schlagewerk.

## Unternehmensführung

Bühner: »Betriebswirtschaftliche Organisationslehre«

Sehr umfangreiches Standardwerk zur Organisationslehre.

## Rechnungswesen

Adam: »Philosophie der Kostenrechnung oder
Der Erfolg des F. S. Felix«

Ein tolles Buch über die Prinzipien der Kostenrechnung. Eine Geschichte des F. S. Felix
vom Jungunternehmer zum Großunternehmer
mit seinen Herausforderungen an die Kostenrechnung. Als Geschichte geschrieben, werden
spannende Fragen gestellt und verständlich
beantwortet. Dieses Buch vermittelt mehr als
Wissen, es vermittelt anschaulich betriebswirtschaftliche Zusammenhänge!

Hentze/Kehres: »Buchführung und Jahresabschluss in Krankenhäusern. Methodische Einführung«

Gute Einführung in die gesetzlichen Rahmenbedingungen des Externen Rechnungswesens im Krankenhaus.

Hentze/Kehres: »Kosten- und Leistungsrechnung in Krankenhäusern. Systematische Einführung«

Klassiker der Kosten- und Leistungsrechnung in Krankenhäusern.

Keun/Prott: »Einführung in die Krankenhaus-
Kostenrechnung«

Klassiker der Krankenhaus-Kostenrech-
nung. Aktuelle gesetzliche Rahmenbedingungen werden berücksichtigt.

### Controlling und Kennzahlen

Kuntz: »Krankenhauscontrolling in der Praxis«

Ein gutes Buch über modernes Krankenhaus-Controlling.

## Finanzierung und Investition

Grob: »Einführung in die Investitionsrechnung: eine Fallstudiengeschichte«

Die betriebswirtschaftliche Investitionsrechnung als Fallstudiengeschichte. Nett zu lesen, es wird aber ein wenig Geduld beim Lesen benötigt.

Perridon/Steiner: »Finanzwirtschaft der Unternehmung«

Das Standardwerk der Betriebswirtschaftlichen Finanzierung. Für den Einstieg aber recht anspruchsvoll.

## Marketing

Elste: »Marketing und Werbung in der Medizin«

Standardwerk des Medizin-Marketing.

Kotler/Trias de Bes: »Laterales Marketing für echte Innovationen«

Hier wird vorgestellt, wie durch »Querdenken« neue Innovationen zustande kommen können.

Kotler/Armstrong/Saunders: »Grundlagen des Marketing«

Was »Der Meffert« in Deutschland darstellt ist »Der Kotler« im englischsprachigen Raum, nämlich die erwähnte »Marketing-Bibel«. Die deutsche Übersetzung ist nicht nur eine solche, sondern integriert zusätzlich viele deutsche bzw. europäische Besonderheiten. Ein sehr lesenswertes Buch!

Kotler/Keller/Bliemel: »Marketing-Management: Strategien für wertschaffendes Handeln«

Wie schon oben erwähnt: Herr Kotler schreibt sehr lesenswerte Bücher!

Meffert/Burmann/Kirchgeorg: »Marketing«

»Der Meffert« wird in Deutschland auch als die »Marketing-Bibel« bezeichnet und ist wahrscheinlich den meisten Betriebswirten bekannt. Sehr umfangreich, aber sehr lesbar.

## Populärwissenschaftliche Literatur

brand eins (Wirtschaftsmagazin)

Falls Sie meinen, Wirtschaftsmagazine zu kennen, und sie langweilig finden: Lesen Sie dieses! Alle Volltexte der vergangenen Ausgaben finden sich unter brandeins.de frei zugänglich, es lohnt sich aber, das jeweils aktuelle Heft zu kaufen.

Harford: »Ökonomics«

Ein ausgezeichnetes, witziges und spannendes Buch, das den ganz normalen Alltag mit der Brille eines Ökonomen beschreibt (»Bier, Fritten und die Globalisierung«): Geheimtipp! Lesen!

Levitt/Dubner: »Freakonomics. Überraschende Antworten auf alltägliche Lebensfragen«

Ebenfalls ein Lesetipp. Falls Sie schon immer wissen wollten, warum der Aufbau des organisierten Drogenhandels dem Franchise-Prinzip von Fast-Food-Restaurants nicht unähnlich ist, finden Sie hier u. a. die witzig geschriebene Antwort.

Parkinson: »Parkinsons Gesetz und andere Untersuchungen über die Verwaltung«

Nette Lektüre zum erwähnten Gesetz.

Strathern: »Schumpeters Reithosen«

Unterhaltsames Buch über die Geschichte bedeutender ökonomischer Theorien und deren teilweise exzentrische Urheber, inklusive der Erfindung der doppelten Buchführung.

# Sachverzeichnis

# Sachverzeichnis

Printing: Krips bv, Meppel, The Netherlands
Binding: Stürtz, Würzburg, Germany